关键 7 问

The Coaching Habit

Say Less, Ask More & Change the Way You Lead Forever

[加拿大] 迈克尔 · 邦吉 · 斯坦尼尔 / 著

（Michael Bungay Stanier）

易 伊 / 译

中国科学技术出版社

·北 京·

北京市版权局著作权合同登记　图字：01-2022-5154

图书在版编目（ＣＩＰ）数据

关键 7 问 /（加）迈克尔·邦吉·斯坦尼尔著；易伊译 . -- 北京：中国科学技术出版社，2022.10（2024.9 重印）

书名原文：The Coaching Habit: Say Less, Ask More & Change the Way You Lead Forever

ISBN 978-7-5046-9752-3

Ⅰ. ①关… Ⅱ. ①迈… ②易… Ⅲ. ①企业管理 Ⅳ. ① F272

中国版本图书馆 CIP 数据核字 (2022) 第 136914 号

执行策划	黄　河　桂　林	
责任编辑	申永刚	
策划编辑	申永刚　陆存月	
特约编辑	张　可	
封面设计	东合社·安宁	
版式设计	王永锋	
责任印制	李晓霖	

出　　版	中国科学技术出版社	
发　　行	中国科学技术出版社有限公司	
地　　址	北京市海淀区中关村南大街 16 号	
邮　　编	100081	
发行电话	010-62173865	
传　　真	010-62173081	
网　　址	http://www.cspbooks.com.cn	

开　　本	787mm×1092mm　1/32	
字　　数	117 千字	
印　　张	6	
版　　次	2022 年 10 月第 1 版	
印　　次	2024 年 9 月第 2 次印刷	
印　　刷	深圳市精彩印联合印务有限公司	
书　　号	ISBN 978-7-5046-9752-3/F·1057	
定　　价	65.00 元	

（凡购买本社图书，如有缺页、倒页、脱页者，本社销售中心负责调换）

当你养成了正确的带人习惯，
就可以最大程度上
释放你和他人的潜能，
忠于目标，
把精力集中在
解决最有意义的挑战上。

关 键 7 问

THE COACHING HABIT

权威推荐

• • • •

詹姆斯·斯莱扎克（James Slezak）

《纽约时报》（*New York Times*）前数字战略执行副总裁

　　《关键 7 问》风趣、智慧、实用、令人难忘，有深厚的行为科学背景。它在我自己的工作与合作中具有极高的价值。

戴夫·尤里奇（Dave Ulrich）

《领导力密码》（*The Leadership Code*）作者

享誉全球的人力资源管理大师

　　你要如何才能成为一名更好的领导者？迈克尔提出了这个问题，并通过 7 个能够改变领导习惯的提问，给了我们答案。这本书非常实用，里面充满了非常有趣的问题、观点以及能够让所有积极上进的领导者都受益的工具。

丹尼尔·平克（Daniel Pink）

"50 位影响全球商业思想家之一"、《驱动力》（Drive）作者

迈克尔·邦吉·斯坦尼尔将带人的精华浓缩到 7 个核心问题当中。如果你掌握了他简约而不简单的技巧，你将能给予下属和同事更高效的支持，并成为自己的终极教练。

斯图尔特·克拉布（Stuart Crabb）

Facebook 前学习与发展主管

在书籍过剩的今天，市场上充斥着大量强调带人的重要性以及如何带人的专题文章，读者们早已被五花八门的"正确方法"搞得晕头转向。迈克尔·邦吉·斯坦尼尔的新书简单易读、紧扣主题、扎根现实，如一股清风，吹走迷雾。我相信这本书能够成为所有领导者、管理者和相关从业人员的实用工具。

米歇尔·米兰（Michele Milan）

多伦多大学罗特曼管理学院执行 CEO

迈克尔·邦吉·斯坦尼尔说得对，我们从自己的习惯中创造自我，创造生活，创造世界。《关键 7 问》教你如何将习惯的力量运用到带人当中，从而取得更大的成就。不要只是读这本书，而是要将其付诸实践。把它常备在你的桌子上，来培养你的带人习惯吧。

梅利莎·戴姆勒（Melissa Daimler）

Twitter 前学习与组织发展部门主管

《关键 7 问》是专门为繁忙的管理者而写的带人指南。里面没有废话，没有抽象的理论，没有枯燥乏味的案例。你只需运用本书赋予你的工具，每天花 10 分钟左右的时间就能完成带人的重任。

戴维·艾伦（David Allen）

《搞定》（*Getting Things Done*）作者

迈克尔用自己卓越的才华、高深的智慧和清晰的文笔，打造了这本启发所有带人者的杰作。尽管我已在这个领域钻研超过 40 年了，但《关键 7 问》仍然带给我很多新的启示。

达纳·伍兹（Dana Woods）

美国重症监护护士协会 CEO

很多人容易把带人的目的和方法复杂化，但迈克尔·邦吉·斯坦尼尔针对这项卓越领导者的必备习惯，提供了一套非常实用、友好的方法。

他简洁而清楚地阐述了"礼貌询问"背后的研究，以及它在培养同事之间的信任感和归属感方面起到的重要作用。《关键 7 问》是一本让人非常享受的书，而且能够立即启迪我，让我培养新的习惯。

布勒内·布朗（Brené Brown）

《活出感性》（*Daring Greatly*）作者

带人是一门艺术，说着容易做着难。它需要我们鼓起勇气去提问题，而不是直接提供建议或给出答案。

让别人有机会探索自己的工作方式，有机会犯错自省，有机会启发自己的智慧，这都需要勇气，而且其中隐藏着极大风险。同时，这也意味着我们要放弃自己"事后修补"的习惯。

在这本实用且极具启发性的书中，迈克尔分享了7个能够改变我们领导与支持方式的变革性问题。他引导着我们走过了最难的部分：如何把书中的新知识变成我们的习惯，并融入我们每天的生活中。

莫妮可·贝特曼（Monique Bateman）

多伦多道明银行集团高级副总裁

读完这本书之后，我的第一反应就是："简直太厉害了……为什么当初我遇到问题的时候没有这样一本书呢？"

我读过无数关于领导力和带人的书，但很少遇到像迈克尔·邦吉·斯坦尼尔写的这本书。我很喜欢里面关于保持简单、坚持实践的理念，这是培养自己带人习惯的关键所在。

迈克尔极大地简化了某些领导者眼中的复杂问题，无论你是一名资深管理者还是管理界的菜鸟，这都是一本不容错过的必读书。

西内德·康登（Sinéad Condon）

CA 科技公司全球执行主管

这不只是一本书，这是你脑海中的一个声音，是一个指引你走向伟大的精神导师。成为伟大的带人者需要的不仅是技巧，还需要头脑和方法。迈克尔·邦吉·斯坦尼尔通过精彩的叙述、实用的案例和可靠的技巧，为你带来了你所需要的这些。这本书是所有希望在带人上取得突破的领导者的必读书。

安德鲁·科利尔（Andrew Collier）

雀巢公司领导力部门主管

领导力的魔法，在每日对话中产生奇效。通过培养习惯，迈克尔·邦吉·斯坦尼尔赋予管理者一种非常简单而强大的工具，帮助他们在每天的工作中，带出一支伟大的团队！

杰西卡·阿莫蒂根（Jessica Amortegui）

领英学习与发展高级总监

《关键 7 问》里面没有陈词滥调，它是一个智慧的宝库，充满了能融入我们每日生活习惯中的高效带人方法，能够把世界上所有的管理者都变成带人高手。如果你想将自己的领导力提升到更高的水平，请翻开这本书吧！

约翰妮·麦克纳利·迈尔斯（Johanne McNally Myers）
Tim Hortons 饮料公司人力资源总监

关于带人的书，我有很多本，但都被遗忘在了书架上，落满灰尘。迈克尔·邦吉·斯坦尼尔的这本书绝对能让你一口气读完，它大胆、直接、可靠、真实，能够改变你在职场中与同事或在家庭中与家人交流的方式。

如果你想读一本能够引起你共鸣，同时又不被各种理论或术语弄得头昏脑涨的带人书，那就拿起这一本吧！

周　昊
企业战略管理专家，财经作家

学会高效带人是领导者的必修课，也是每个团队成员的进修课。

《关键 7 问》的作者在本书中提出带人的"新习惯公式"和 7 个关键带人提问，用一种简单、直接、高效、精确、可行的方法，帮助你培养任何你想要的带人习惯。

从人员管理、工作安排，再到制定企业核心战略，只有养成正确的带人习惯，才能带领团队打胜仗。相信每一位企业中的领导者和管理者都能从本书中受益。

关于作者

● ● ● ●

教练界的头号思想领袖

迈克尔·邦吉·斯坦尼尔致力于帮助世界各国的组织将带人变成一种必要的领导能力。迈克尔是蜡笔盒公司（Box of Crayons）的创始人，他的《关键7问》（*The Coaching Habit*）是 21 世纪最畅销的带人书籍，全球销量已超百万，并且获得了超过 6 000 个五星好评。

迈克尔·邦吉·斯坦尼尔
Michael Bungay Stainer

2019 年，迈克尔被评为教练界的头号思想领袖（#1 Thought Leader），并且得到了"思想界的奥斯卡"——Thinkers 50 教练奖的提名。自 2014 年以来，迈克尔就获得了"全球教练大师"（Global Coaching Guru）的称号，也是历史上第 1 位"加拿大年度高管教练"。此外，他还曾是一名"罗德学者"①。

　　迈克尔是一位引人注目的演讲者，他的演讲融合了实用性、幽默，以及与观众前所未有的互动。他在全球各地演讲过，观众人数从 10 人到 1 万人不等。

　　在他的人生旅途中，发生过不少事情，这些同样是他人生故事中的重要部分，他曾经在劳动中被自己的铲子砸晕过，在法学院时他参演了滑稽短剧并由此精进了表演艺术，他还凭借一篇名为《男快递员》（*The Male Delivery*）的浪漫喜剧故事，赚到了人生中第一笔稿费。

　　蜡笔盒公司是一家致力于学习和发展的公司，通过为忙碌的经理和领导者提供有效的培训工具，来加强组织内部的领导力和文化。**我们相信，好奇心引领型的文化更有弹性、更能创新、更会成功。**我们会建立虚实结合的数字化项目来释放好奇心潜在的力量，为微软和古驰等公司及其客户培养好奇心引领的企业文化，以实现管理效能的持续和最大化。

---

① Rhodes Scholars，世界上竞争最激烈的奖学金之一，由英国政治家、商人塞西尔·罗德于 1902 年创设，获奖者被称为"罗德学者"。——译者注（下文中除非特别注明，注释皆为译者注）

我供职的蜡笔盒公司，
为追求高效的管理者
提供简单实用的带人工具和方法，
帮助繁忙的管理者和领导者
在 10 分钟甚至更短的时间内高效带人。

　　带人是每位管理者和领导者的基本技巧。如果把带人的工作融入日常当中，领导者就能更专注、更具勇气和策略，也更能帮助他人和自己提高工作效率。

关 键 7 问

THE COACHING HABIT

目　　录

关 键 **7** 问

THE COACHING HABIT

绪　言
● ● ● ●

真该掌握，10分钟内
带好一个人的"提问"技能

如今，世界上关于领导力的著作如恒河沙数。各路专家或大师都认为，带人是领导力的必备技能。随着各种高管教练以摩尔定律①的速度增加，这个群体难免鱼龙混杂，不少滥竽充数之徒充斥其中。

最开始向大众普及情商（emotional intelligence）概念的丹尼尔·戈尔曼（Daniel Goleman）是一名心理学家和记者。20多年前，他在《哈佛商业评论》（*Harvard Business Review*）发表的一篇名为《带来成果的领导力》（*Leadership That Gets Results*）的文章，早早地打响了研究领导力的第一枪。他认为，世界上存在6种基本的领

---

①由英特尔（Intel）创始人之一戈登·摩尔（Gordon Moore）提出。其内容为：当价格不变时，集成电路上可容纳的元器件数目每隔18~24个月便会增加一倍，性能也将提升一倍。这一定律揭示了信息技术进步的速度。

导力风格。带人是其中一种，且对绩效、公司文化和公司财务表现有着"显著而积极"的影响。同时，带人也是最罕见的一种领导风格。

为什么呢？戈尔曼写道："很多领导者告诉我们，在今天的高压经济中，他们没有时间来做漫长而枯燥的带人工作，没时间帮助别人成长。"

别忘了，这段话还是写于 2000 年。当时，全球化的迹象刚刚显现，电子邮件还是一种非常流行的交流工具，我们也尚未沉迷智能手机。就我自己与众多管理者的合作经验而言，我认为现在的情况变得糟糕了——我们的时间被严重地碎片化了。

尽管现在人人都把"带人"挂在嘴上，但能做到的却没有几个。就算有的领导者真的花了时间来带人，效果也并不显著。

也许，你尚未学会带人

有可能你已经接受过某种关于如何带人的培训。根据 2006 年 Blessing White 领导力发展公司的研究，73% 的管理者都接受过某种形式的带人培训。从数据上看，情况并没有想象中那么糟糕。但是，那些带人培训的效果似乎不尽如人意。实际上，只有 23% 的"被带"人认为，自己的工作绩效或工作满意度得到了显著提升。10% 的人甚至认为自己被"带"出了负面效果。（你能想象你的下属和你说这样的话吗？——"我期待你带完我之后，我会变得更加困惑和消极。"）

绪 言

总而言之，很可能你尚未学会带人或者你的带人方式有些问题。

至于你为什么没有从之前的带人培训中有所收获，我猜至少有 4 个原因：

- 培训可能太过理论化、复杂化，与你的实际工作相脱离，甚至有点无聊。

- 就算培训内容很吸引人，你可能也没有太多时间来思考应如何把新学的知识和观点运用到工作中，来获得它带来的不同成果。当你回到工作中，发现自己仍然无力改变现状，碰了几个钉子后，你很快又回到了之前的状态。

- "少给点建议，多提点问题"，实践起来的难度比想象中要高得多。多年来，你一直在给下属提建议和打气加油，公司还认为你（提建议的行为）"带来了价值"。

- 当你从"给建议"转变到"提问题"时，你和下属之间的对话会变得更冗长，你或许会感觉自己对你们之间的对话丧失了控制权（这是事实，我们管这叫"授权"），甚至还会怀疑自己是否已经失去了作为领导者 / 管理者的作用。

关键7问

综上所述，目前的带人培训形势不容乐观。但是，一切并没有那么难，真的。

在本人的蜡笔盒公司，我们以非常实用的技巧，培训了超过12万名和你一样忙碌的管理者。

多年来，我们始终坚信以下观点：

• 带人很简单。事实上，本书的7个精华问题将满足你的绝大部分需求。

• 你可以花10分钟左右的时间来带人。在今天这个忙碌的世界，你也必须掌握如何在10分钟之内带好一个人的技能。

• 带人应该是一种每天进行的日常行为，而不是偶尔进行的、兴师动众的正式培训。

• 你可以培养一种带人习惯，但前提是必须使用正确的习惯培养方式并理解背后的原理和机制。

但是，我们为什么要改变自己？你为什么会想要培养一种带人的习惯？

7 个问题，助你打破 3 个 "循环怪圈"

带人的首要动机，在于帮助他人释放其潜能。我知道你肯定愿意帮助他人，但那并不足以成为你带人的强烈动机。

事实上，当你在带人时，自己也是受益者。带出人才，可以减轻你的工作负担，并得到更好的工作成果。一旦培养出了正确的带人习惯，你将能够轻易地从职场的 3 个恶性循环中找到突破口。这 3 个恶性循环分别是：过分依赖、压力过大和迷失。

恶性循环 1：过分依赖

你或许会发现，自己身处一支依赖性特别强的团队当中。对于不会带人的你来说，这简直是双重打击。当你已经将团队成员训练得过分依赖你，他们便失去了自主权，你则会收获沮丧。因为你不仅成了团队依赖性的缔造者，还会是最终的承受者——几乎所有工作都压到了你的身上。最后的结果就是，你成了整支团队的瓶颈和阻碍。所有人都失去了主动性和积极性。你帮助得越多，人们就越需要你的帮助。他们越需要你的帮助，你就不得不花更多的时间去帮助他们。

当你养成了正确的带人习惯，你的团队成员将变得独立，因为他们获得了自主权和掌控感。一旦他们对你的需要减少，整个团队的工作流畅度将大幅提高。

恶性循环 2：压力过大

也许，就算你精通所有的工作技能，也不能减轻因巨大工作量而带来的压力。你的坑挖得越深，整个世界向你涌来的速度就越快。随着你的注意力被各种杂事拉往不同的方向，你的精力被消耗在电子邮件大海中，你的时间被无穷无尽的会议占用，你的目标迟早会被模糊掉。你的目标越模糊，感受到的压力就越大；你的压力越大，目标就越模糊——这是一个无法破解的恶性循环。

养成正确的带人习惯，将助你忠于目标。你将能更好地管理自己的时间、精力和资源，解决最有意义的挑战。如此一来，你的团队成员也能把精力集中在最重要的事情上。

恶性循环 3：迷失

终于，你在真正重要的工作上迷失了。我的上一本书《忙到点子上》（*Do More Great Work*）的基本理念之一就是，仅把自己的事情做好还远远不够，你必须帮助别人搞定更多重要且有意义的工作。我们做的无意义的工作越多，我们的专注力就越弱。我们的专注力越弱，做出出色成绩的可能性就越低。

养成正确的带人习惯，将使你和你的团队重新找到真正重要的、有意义的工作目标。正确的带人习惯，可以帮你向下属注入勇气，走出舒适区，帮助他们从自己的失败经验中吸取教训，挖掘出自身的潜能。同时，让他们成长为自我驱动型人才。

人们所谓发现的一刻，
实际上是发现问题的一刻。

脊髓灰质炎疫苗发明者

乔纳斯·索尔克

....

What people think of as

the moment of discovery is

really the discovery of the question.

Jonas Salk

关键 7 问

可见，摆在我们面前的困难不可谓不大。但我们岂能就此放弃？养成正确的带人习惯，能够助你找到一种更好的工作方式。

这本书的核心是 7 个精华问题，它们能够助你打破 3 个循环怪圈，提升你的工作效率。这 7 个问题不仅可以运用于你的直系下属，也可运用到你的客户、供应商、同事、老板身上，甚至（并不保证一定）对你的配偶和青春期孩子也有奇效。

这 7 个问题拥有无限的潜力，不仅能够改变你的一对一面谈，你的团队例会，你的销售会议，还能改变日常工作中的各种偶遇时刻。这 7 个问题包括：

开场问题 这个问题能够让你在任何对话中以一种既专注又开放的方式开场。

追加问题 这个问题是世界上最棒的带人问题，是你的自我管理工具，也为之后的问题做好了铺垫。

焦点问题和基础问题 这两个问题涉及挑战的核心，让你必须将注意力集中在真正重要的事情上。

懒惰问题 这个问题将拯救你的时间。

战略问题　这个问题将拯救你的团队中其他人的时间。

学习问题　这个问题呼应开场问题，为整本书画上句号，这能确保每个人和你谈话之后都觉得非常受用。

你准备好了吗？我知道，你肯定迫不及待地想要一探 7 个精华问题的庐山真面目，但在正式开始前，我们先要走一个小小的弯路，探讨人改变自己行为的本质。除非你能把那 7 个问题付诸行动，否则学得再认真也是白费力。稍后，我将列出"新习惯公式"。你将明白为什么新习惯的开始阶段根本不是新习惯本身，为什么 60 秒的时间如此重要以及新习惯公式如何助你成功改变自己的行为。

新习惯公式：培养任何你想要的习惯

本书提倡对他人多一点提问，少一点建议。这听上去简单，但并不意味着做起来也简单。如果你不知道如何付诸实践，掌握再精妙的道理也是竹篮打水。因此，在学习究竟需要做什么样的改变之前，我们先来了解如何改变。

我们已经知道，无论一个人的意愿有多么强烈，他都很难改掉自己的旧习惯。有下列习惯的人肯定不止我一个：

关键 **7** 问

- 发誓早晨起床后绝不习惯性地打开手机，但没过几天又"旧病复发"。现在的你，早晨醒来，躺在被窝里，脸被手机屏幕照亮。

- 试图通过冥想训练，找到内心的平静，然而坐在那里呼吸 5 分钟之后，你就受不了了。

- 承诺一定要好好吃午饭，但最后仍然在电脑面前敲个不停，键盘上面震颤的三明治屑是你刚刚吃过午饭的唯一证明。

- 早晨决心戒酒，晚上手里又端着一杯上等的澳洲葡萄酒。

    杜克大学的一项研究发现，我们清醒时的行为至少有 45% 受到习惯的支配。如果你知道这一发现，那就不会对上述现象感到奇怪。尽管我们希望自己的人生自己做主，但事实上，我们的行为不仅受可感知意识的控制，更受到自身潜意识的控制。这很神奇，同时也让人感到不安。

    世界上有太多关于如何改变人类行为方式的知识。更准确地说，社会上充斥着大量误导大众的说法。你是否曾听说，只要坚持做一件事，21 天就能养成新习惯？其实这并不科学，但这个说法一直流传，从未消失。

幸运的是，神经科学和行为经济学的相关研究正在产出越来越多的成果。在过去几年，这些严谨的科研项目已经逐渐为人们指出了一条明路——为养成一项有效的新习惯，你需要具备 5 个基本要素：一个理由、一个触发点、短而具体的定义、深度练习以及一个计划。

一个理由

为什么你会在改变工作方式这件事情上感到苦恼？首先，你需要明白改变熟悉而低效的旧习惯之后，自己能够得到怎样的回报。注意，这并不是让你想象自己以后会有多成功。奇怪吧？研究发现，如果你花太多时间来想象成果，你的工作动机就会衰减。

里奥·巴鲍塔（Leo Babaut）在其著作《禅宗习惯：掌握改变的艺术》（*Zen Habits: Mastering the Art of Change*）中，提到了一种建立新习惯的有效方法。他谈到，我们应该发誓，而这个誓言必须和服务另外的人有关。比如，里奥为了自己的妻子和女儿戒掉了抽烟的习惯。因此，不要多想你的新习惯能为自己带来什么，而要多思考你的新习惯会为你和你爱的人带来什么样的改变。

一个触发点

查尔斯·杜希格（Charles Duhigg）在《习惯的力量》（*The Power of Habit*）一书中表达的重要观点之一就是如果你不知道

自己旧行为的触发点是什么，你就很难改变它，因为你总会不自觉地重复。

你定义的触发点越具体，就越有效。比如，"在团队会议上"不如"当我被要求在团队会议上签到时"，而最好是"当珍妮在团队会议中问我对她的观点有什么看法时"。当你的触发点具体到这种程度，你的新习惯培养之路就有一个非常好的起点。

短而具体的定义

如果你用一种抽象的方式来定义自己的新习惯，你的动机就没那么强烈；如果新习惯的动作持续太长，你的大脑就会想出各种方法偷懒。

"行为设计学"创始人 B.J. 福格建议，我们应该把自己的新习惯定义得短而具体，动作长度不要超过 60 秒。只有头两步处理得干脆利落，你才能积跬步以成千里。这在我们这本书中尤其重要，7 个精华问题无一不符合这一原则。

深度练习

丹·科伊尔（Dan Coyle）的著作《一万小时天才理论》（*The Talent Code*）研究了为什么世界上的某些地方会成为某种天赋的热点区域，比如巴西人擅长足球。科伊尔发现热点区域的人懂得如何练习相应的技能，并将这种行为称为"深度练习"（Deep Practice）。

请在下一封信中
给我好的建议，
我保证一定不遵循。

美国女诗人
埃德娜·圣文森特·米莱

....

Please give me some good advice

in your next letter.

I promise not to follow it.

Edna St. Vincent Millay

深度练习有三大构成要素：

- 练习一整套动作中的细分动作，比如练习如何把网球扔起来，而不是整套发球动作。

- 重复、重复再重复。快速重复，慢速重复，用不同的方式重复。无论如何，不停地重复练习同一个动作。

- 最后，练习进展顺利的时候保持高度注意力并时刻留心。成功之后的庆祝，你不一定要买一瓶香槟，虽然你非要买也没有人阻止你。大多数时候，击一下掌就好。

一个计划

当你遇到困难的时候，往往都很容易放弃，破罐破摔。"反正已经咬了一口，索性就把整个蛋糕吃掉吧。"杰里米·迪安（Jeremy Dean）在其著作《其实，你一直受习惯摆布》（*Making Habits,breaking Habits*）中帮助我们认清了这样一个事实：在培养习惯的过程中，人们不可能做到事事完美。

我们有可能一次没做好一件事，甚至一整天都没做好一件事，这是注定的。你必须知道，当自己没做好的时候，应该怎么处理。我们应该建立一个弹性系统，一旦出错，能够及时得到弥补。

因此，请保证你的习惯有一定的弹性。

在蜡笔盒公司的带人技巧工作室，我们越来越专注于帮助客户定义具体的习惯，并投身其中，而不是列出一个人们永远不会去实践的习惯清单。为帮助人们培养习惯，我们提炼出了上述观点，并创造出了"新习惯公式"。它是一种简单、直接、高效、精确、可行的方法，能够帮助你培养任何你想要的习惯。

该公式分三个部分：识别触发点、识别旧习惯和定义新习惯。下面详述其工作原理。

识别触发点：当事情发生时……

识别触发点，即找到你面临选择的时刻。在那个十字路口上，究竟是走已经走过无数次的老路，还是朝着尚未探索过的新道路前进？如果你辨认不出这样的选择时刻，就会持续错失改变旧习惯的好时机。

你辨认出的触发点越具体，效果越好。查尔斯·杜希格说，所有触发点都不外乎 5 个维度：地点、时间、某种情绪状态、某个人或某个动作。你可以用其中一个或几个维度，来识别出非常具体的触发点。

例如，你的触发点可能是"我和鲍勃（人物）举行周例会时（时间）感觉到非常沮丧（情绪状态），因为他说他还没有认真想过那个问题（动作）"。

识别旧习惯：我不再……

清晰地描述自己的旧习惯，这样你才知道自己究竟要停止什么样的行为。再强调一次，你描述得越具体，效果就越好。例如，接上一个例子，我问鲍勃"你想过……吗？"，我实际是一边在心里反对他，一边用提问的形式向他提出建议。

定义新习惯：而是……

定义你的新习惯，该习惯的动作长度不宜超过 60 秒。我们已经知道，你通过这本书需要完成的行为转变就是少给一些建议，多提一些问题。而 7 个精华问题最妙的地方在于，每个问题你都可以在60 秒之内问完。

所以，我们给上面的例子写一个结局——我将问鲍勃："那么，你现在有什么想法呢？"

在 7 个精华问题的末尾，我将邀请你基于相关问题培养一个新习惯。同时，我们将重新回顾这些概念，并就每个问题列出一些真实案例，告诉你新习惯公式和相关问题如何在现实生活中起到作用。

突破考验，并做到改变！

培养带人习惯不难，但也谈不上容易。用新方法做事需要勇气，新方法开展不顺时需要一定的适应性。无论我们想要做出什么样的改变定律之一：
只要你开始行动，
就会受到考验。

··

One of the laws of change:
As soon as you try something new,
you'll get resistance.

改变，总是会在最初的时候受到各种各样的考验。

比如，当对方反问："你在说什么呢，威利斯？"你可以按照下述方式应对考验。

从容易的地方着手　如果你希望用不同的方式进行管理，从最愿意配合你想法的人开始。或者挑情况最糟糕的人，死马当活马医，反正也不会有更糟的情况了。

从点滴做起　不要试图一次性就把本书中的全部内容应用到整个管理工作中。找个切入点，慢慢开始实践，在细节上夯实基础。之后，再进行下一项。

寻求支持　以下是我给自己设计的支持系统：一名教练；两个策划小组，一个策划小组每周开一次面对面会议或电话会议，另一个策划小组每 3 个月检查一次；手机上安装 3 款培养习惯的应用软件。另外，你可以找一位朋友或同事一起培养习惯，相互监督、鼓励、练习、庆祝。

重新开始练习　有时候，新养成的习惯会被遗忘；有时候，你会发现自己的新习惯变得有些勉强。只有通过深刻而反复的练习，你的新习惯才会变得越来越自然。

奥维德说："没有比习惯更强大的东西。"这既是一个坏消息，也是一个好消息。坏消息是，你的人生很可能因为大脑无意中习得的坏习惯而变得一团糟；好消息是，现在你懂得了习惯背后的原理和机制，你可以有目的地打造自己的成功习惯。温斯顿·丘吉尔说过："我们塑造自己的精神世界，然后它反过来塑造我们。"既然我们活在自己的习惯之中，那就请按照你自己的意愿，去塑造正确的带人习惯吧。

这些新习惯，可以从你对别人的第一个提问开始。这就是第一章要阐述的内容。

●　●　●　●　●

带人&提问进修课：一次只问一个问题

带人 & 提问进修课贯穿全书，请留心这些珍贵的课程，并把它们运用到工作和生活中，让 7 个精华问题发挥最大能量。

我的朋友马修·梅（Matthew May）是《追寻优雅》（*In Pursuit of Elegance*）和《精简》（*The Laws of Subtraction*）的作者，他给我讲述了自己第一次开车穿过巴黎市中心的故事。

当汽车行驶在巴黎地标性建筑凯旋门附近的圆形交叉路口上时，马修很快意识到，这里的交通有点异常。由于整整有 12 条道路的出口汇集在这个路口，正常的交通规则不再适用。直行道上的车辆不停地涌来，而已经处于圆形交叉路口的车辆只能龟速前进。即便如此，交通仍然在运转，在那段路上马修度过了精神最为紧张的一段时间，因为他好几次以为从四面八方涌过来的车会撞到自己。

有时候，作为被提问的一方，人们的感觉就像马修在凯旋门附近开车。一个又一个的问题，从四面八方接踵而至，你根本没有时间来思考和回答，最后只能被无数的问题弄得头昏脑涨。

有的人称之为"被问题淹没"。这样的交流不但没有帮助，而且会造成不愉快的氛围。

这里是你的新习惯

当下述情况发生时

我问了一个问题之后……

我不再

马上问第二个问题，紧接着问第三个、第四个问题。因为这些都是很棒的问题，我等不及想知道他们的回答。

而是

只问一个问题，然后安静地等候回答。

第 1 章

开场问题：
最近有遇到什么问题吗？

万能问题，开门见山

开场问题就像一个减压阀，

能释放任何过度影响你工作的压力，

还能避免任何观点在你的大脑中先入为主，

让你的思维不被局限。

很多时候，大多数作品的第一句话都会奠定一个基调。"这是最好的时代，这是最坏的时代……"（《双城记》），"很久很久以前，在银河的遥远之处……"（《星球大战》），"从天堂掉落人间时疼不疼，我的小天使？"（《不羁的天空》）……

一箭三雕：谈重点、有实效、不误判

管理者不愿意带人的原因之一是他们不知道如何开始。你可能会感觉，只要开了一个头后面就会顺利了。可是，这个头到底要怎样开呢？此外，如果你觉得谈话陷入了窘境，有点肤浅、无聊甚至白费口舌，那么你很可能处于以下三种情况的一种：闲聊过度、走形式或认知偏差。

闲聊过度

不要误会，我并不是说要杜绝闲聊。闲聊是一种和他人建立连接和关系的有效途径，闲聊可以让你和别人互相了解。但是，如果你发现自己专门抽出来的 15 分钟谈话时间都消耗在无意义的琐事上，这无疑是非常让人沮丧的。

那时候你往往会问自己："我们真的有必要讨论现在的天气吗？真的有必要讨论某支球队最近一段时间的表现吗？"通常，闲聊作为谈话的开场，但是很难让谈话切入重点。

走形式

这种情况经常发生在例会上，同样的时间，同样的人物，同样的地点，同样的议程。这种会议总是沦为沉闷枯燥的事实陈述和数据展示，大有抽空会议室所有人的能量之势。该例会或许在一年前很有效果，但是现在它完全成了鸡肋。

认知偏差

没有人说起或问到这次谈话的主题。你确定自己知道此次谈话的主题，对方也确定自己知道此次谈话的主题。你们心中都对自己以为的主题坚信不疑。你开始滔滔不绝地谈及自己心中的主题，如果幸运，你可能蒙对了。如果你不走运，搞错问题了，而对方的反应又让你以为自己正在解决问题。但实际上，谈话完全南辕北辙。

通常情况下，让一段谈话迅速切入主题的问题是："你最近有遇到什么问题吗？"

这是一个万能的问题，这样的开场既不会开放到让人摸不着头脑，也不会拘束到让人无从作答。

这个问题具有开放性，人们可以大胆地和你分享对他们而言最重要的事情。你并没有引导他们，但你向他们展示了自己对此次谈话的信任，赋予了他们选择话题的自主权。

注意，这个问题并没有模糊谈话重点。因为你并没有让对方随意发挥。这个问题鼓励对方说出最让人激动、焦虑、紧张的事情。这个问题的意思是：我们现在谈重点。这个问题可以回避闲谈，避免误判，只谈重点。可谓一箭三雕。

3P 模型，以强有力的开局开启谈话

当你问出"你最近有遇到什么问题吗？"后，可以用我的"3P"模型，让谈话进一步深入。但在学习 3P 模型之前，我们先来了解一下另外两种不同的带人模式。

有的机构把带人模式分为两种，一种以绩效为目的，一种以发展为目的。在以绩效为目的的带人模式中，人们要精确地找到并解决一个具体的问题或挑战。就好像是灭火或防火一样，它是一项日常工作，重要而且必要。

答案是一个密闭的房间，
问题则是一扇敞开的门
在邀请我们。

美国儿童文学作家
南希·威拉德

....

Answers are closed rooms;
and questions are open doors
that invite us in.

Nancy Willard

以发展为目的的带人模式则将重点从问题本身，转移到了处理问题的人身上，就像从火焰本身，转移到了扑灭火焰的人身上。这种带人模式比较罕见，同时也比较重要和强大。如果让你现在回忆自己遇到的某位伯乐，我打赌，一定是你们之间的某次谈话让你有所觉悟，得到了成长的机会。这种带人方式的核心便是授人以渔，而不是授人以鱼。

3P 模型是一种非常直接的谈话方式，可以让你顺利地为谈话找到重点，让你们的每句话更有营养。同时，采用 3P 模型能让谈话主题升华到更高的层次，能够启迪对方。

3P 模型可以让你选择带人谈话的重点，判断对方面临的哪个挑战是此次谈话的重心。该挑战既可以是某个项目（Project），也可以是某个人（People），甚至某种模式（Pattern）。

项目

项目是指一个人的工作内容。它是我们最容易谈到的话题，也是我们最熟悉的事情。我们每天都紧盯着手头的工作，都在寻找应对挑战的解决方案。以绩效为目的的带人谈话很容易涉及项目，同时大多数项目也最容易出现技术变革的潮流。

通常而言，在谈及项目时最关键的是要知道如何开始，然后观察你们的谈话能否转移到人或行为模式上，从而有所收获。

人

你是否曾想过，要不是那些烦人的家伙，你的工作要容易得多？肯定不止我一个人这么想。当然，因为你是不完美的、时而不理性的、时而有偏见的，所以当你和另外一个不完美的、时而不理性的、有偏见的人合作时，工作会变得更加复杂。

当你提到某些人的时候，其实你并不是真正在谈论他们。你谈论的是一段人际关系，尤其是在表达你对自己在这段人际关系中扮演的角色并不满意。

模式

你看到了某个人的行为模式或工作方式，并想要改变它。这是以发展为目的的带人模式最容易触及的主题。这些需要改变的行为模式因人而异，挑战巨大。它们能强化一个人的自我认知，并提升其潜力空间。这种谈话在各个组织中并不是很常见。

但是请注意，并不是每一段谈话都适合往这个话题上靠拢。有时候，你或许就应该在谈话里重点谈谈那些遇到问题的项目。

"你最近有遇到什么问题吗？"你问。

"＿＿＿＿＿（填入某个项目的名称）。"他们说。

"哦，我们应该关注它的三个层面，"你建议，"项目层面，就是实际工作中遇到的具体挑战。人的层面，你们要注意维护和团队成员／同事／其他部门同事／老板／顾客／客户之间的关系。最后是行为模式，如果你们正在用自己的特殊方法做事，但是事情进展得不顺，就要注意了。我们先谈哪个？"

无论对方挑的是哪个话题，都没关系，你们的对话已经有了一个强有力的开局。对方谈论其中一个 P 的时候，你随时可以把他们引到另外一个 P 上："在另外一个 P 上，你们遇到了什么挑战吗？"

接下来，你们就有了一段深刻、有营养的谈话。

• • • • •

带人&提问的科学：迅速抓住注意力

"你最近有遇到什么问题吗？"是 Facebook 公司最常用的问题，或至少曾经是。它原本消失过一段时间，但很快又再度兴起。我猜马克·扎克伯格和他的团队一定发现，这个问题是他们公司有史以来最好的问题。

是的，为了思考或分享某件事，这个问题每天从成千上万的人嘴里问出。我们请蜡笔盒公司研究员琳赛深入研究了一下，为什么这个问题的效果那么好，她指出了一个基于神经科学的事实：我们的自我意识和注意力有关。如果我们的注意力很集中，那再好不过；但如果我们的注意力很容易被分散，就会付出相应的代价。

2010 年的一项研究证明了一个论点，即我们的大脑任何时候都在思考某件事，而思考是需要消耗能量的。尽管大脑只占人体体重的 2%，但它消耗的能量却占到了总消耗能量的 20%。此外，你脑子里在思考的事物，则会无意识地影响你的注意力和关注点。如果你想买一辆红色的马自达，街上跑过的每一辆红色马自达都难逃你的法眼。你脑子里思考的事物，还会影响你的选择，这就可能导致你不能做出最佳的选择。

开场问题就像一个减压阀，能释放任何过度影响你工作的压力，还能避免任何观点在你的大脑中先入为主，让你的思维不被局限。

带人&提问的艺术：直接问，别啰唆

《007》系列电影的某些片段总是能俘获大批影迷的心。

对有的人而言，他们最喜欢的是《007 之海底城》（*The Spy Who Loved Me*）中，罗杰·摩尔（Roger Moore，第三任 007 扮演者）滑雪冲出悬崖，打开降落伞飘然而去（降落伞背包上通常绘有一面英国国旗）的画面。对另一些人而言，或许是《007 之皇家赌场》（*Casino Royale*）中，丹尼尔·克雷格（Daniel Craig，第六任 007 扮演者）接受下一个任务的场景。

我的最爱？是《007 之黄金眼》（*Golden Eye*）中皮尔斯·布鲁斯南（Pierce Brosnan）从巨型水坝上一跃而下那一瞬间。纵观所有007 系列电影的开头，你都会发现一个相同的规律——詹姆斯·邦德（James Bond）的登场亮相，没有任何一次是慢吞吞的。

如果你知道
自己想问什么，
那就直接问吧。

Cut the Intro and

Ask the Question.

砰！10 秒钟之内，你就被电影中的动作场面压得喘不过气，肾上腺素飙升，心脏直接跳到嗓子眼儿。这和大多数人提问的方式形成了鲜明对比。我们的提问总是温温吞吞、漫无目的，前期铺垫简直和《一千零一夜》中山鲁佐德[①]讲的故事一样长。

直接砍掉这些铺垫会好得多。我并不是要求你加快语速，而是直接跳过那些废话。

如果你必须要做个铺垫，尝试从"出于好奇"的角度来叙述，这样就可以减轻问题的沉重感。问题提得轻松，回答自然也更轻松。

带人&提问进修课：直切主题

当我有问题要问时，

我不再

营造氛围、设计问题、阐述背景、闲聊热身……总之，花非常长的时间来进行铺垫。

而是

直接提问，然后闭嘴听对方回答。

[①]山鲁佐德用讲故事的方法吸引国王，每夜讲到最精彩出，恰好天明，国王为了听完故事，便不忍杀她，允许她继续讲。没想到，她的故事一讲就是一千零一夜。

31

当下述事情发生时

写下你某个行为的触发点，它可以是某个时刻或某个人。

_____

_____

_____

最常见的触发点，是某段对话的开头。

- 你的直系下属急匆匆地走进你的办公室请求帮助。
- 某位客户打电话过来。
- 你的老板传唤你去他的办公室。
- 某位同事在午餐时间坐到你身边问你能否抽出 10 分钟聊聊 以及你和部门下属的单独谈话。

在这些情景中你感觉到焦虑，因为很可能你们谈了好几分钟，还没有进入正题。你的触发点甚至可能是某封邮件，或者某人发来的短信。

我不再

写下你想要放弃哪些以前应对这些事情的习惯，越具体越好。

_____

_____

_____

你的旧习惯可能是不停地闲聊，然后直接进入给建议的模式。这样直切主题的谈话，并没有展现出你的关心，你只是牢牢地掌控了谈话的主动权。

而是

描述你的新习惯。

_____

_____

_____

_____

你可以写上诸如："我会问他们：'你最近有遇到什么问题吗？'"如果你们的交流是在电子邮件或即时通信工具上进行的，你也可以用提问的方式来回复对方。

关键 7 问

THE COACHING HABIT

第 2 章

追加问题：
还有什么吗？
更好选项，更优决策

別人给你的第一个答案，

永远不是他心中唯一的答案，

而且也通常不是最好的那个答案。

关键7问

作为一名蹩脚的业余魔术师，我对职业魔术师的敬佩之情，已经到了无以复加的地步。你或许见过魔术师凭空变出硬币的场景，一枚、两枚、三枚……如果你看过"油管"（YouTube）上佩恩和特勒的魔术系列视频，你还能见证徒手变金鱼的"逆天"魔术。

我知道，我离徒手变金鱼这种层次还有十万八千里的距离。但是，我能告诉你一个非常棒的问题，事实上，我们几乎想把它注册为"世界上最棒的带人问题"。这个问题和变金鱼的魔术具有同样的魔力。

也许"还有什么吗？"这个问题听上去无足轻重，但它确实拥有巨大的魔力。这个问题以一种轻描淡写的方式，凭空创造出了更多的智慧、更多的见解、更多的自我意识以及更多的可能性。它的影响力来自三个方面：更多的选择，带来更优的决策；控制自己；得到更多时间。

第一个回答：不唯一，不够好

如果最近 70 年你看过电视，你肯定知道比利·梅斯（Billy Mays）、文斯·奥费（Vince Offer）或罗恩·波佩尔（Ron Popeil）。他们是电视演说艺术家，向你推销各种世界上最好的帽子、磨光机、清洁产品，并且只卖 19 块 9 毛 9（包邮）。波佩尔是电视购物的始祖，他的口头禅是："但是请等等，我们还有更多……"

当然，我们并不打算在这本书里向你推销任何产品。但是，请你一定要记住，别人给你的第一个答案，永远不是他心中唯一的答案，而且也通常不是最好的那个答案。你或许会说："这是一个很明显的道理啊！"可是，人们经常忽略各种明显的道理。

在《行为设计学：掌控关键决策》（*Decisive: How to Make Better Choices in Life and Work*）一书中，作者奇普·希思和丹·希思引用了保罗·纳特（Paul Nutt）的一项研究。纳特被称为是"全世界活着的人中，最了解管理者如何做决策的人"。

通过一个严格的科学实验计划，他调研了来自众多组织共计 168 个决策的结果。纳特发现，71% 的决策都隐含了一个"是或非"的选项前提。即：我们做还是不做?

纳特发现的这个百分比，正好和年轻人在决策前制定选项的能力相匹配。是的，只有毛头小子才会制定"是或非"这样的选项。不过，毛头小子们至少还能拿"经验不足"当借口。因此，纳特发现其选取的 168 个决策失败率达到 50%，也不足为奇。

随后，他把目光转向了成功率更高、拥有更多选项的决策。比如，我们再增加一个选项："我们应该做这个？做那个？还是不做？"其结果令人震惊：增加一个额外选项后，决策的失败率被降到了 30% 左右。

当你问 "还有什么吗？"，你将得到更多的选项，通常也是更好的选项。更好的选项总是带来更好的决策，更好的决策则通往更大的成功。

将 "建议怪兽" 牢牢关在笼子里

如果我要把这本书浓缩成一个日本俳句，那么俳句如下：

少说多问，

你的建议并不如

你想象的那么好。

先不管这个俳句有没有押韵，我想说的是：说起来要比做起来容易得多。我们都有一个坏习惯：动辄就开启建议／专家／回答／解决／修补模式。当然，这并不令人意外。

如果你的公司是按照你给的建议数量和建议成果来计算报酬，

那么你就会和绝大多数人一样，被繁重的压力、不确定性因素和焦虑情绪压得喘不过气。你会觉得自己的工作和生活复杂得令人头昏脑涨。而我们的大脑，只有在清晰、确定的环境中才有更好的表现。

因此，我们每个人都喜欢给建议。哪怕你的建议是错误的，给出确切建议的感觉，也比提出一个模糊的问题感觉要好。在我们的培训项目中，我们把这种提建议的冲动，称为"建议怪兽"。

你原本想要保持好奇，对下属提几个好问题。但是，就在你想要用提问的方式启发下属时，"建议怪兽"就冲了出来，接管你们的谈话。在你意识到谈话被"建议怪兽"主宰之前，你的思维已经转向了寻找答案的模式，你正在不停地给出各种办法和建议。

这本书并不是要求你永远不再给人建议，我们当然可以适当地给出建议。但是，给建议的确是一种被滥用而且低效率的反馈方式。

我们可以做一个有趣的试验。你注意观察自己在和下属的谈话中，究竟多快就会产生给建议的冲动。你可以统计一下在一天（或半天、一小时）的时间里，自己给出了多少条建议和答案。1984 年，由霍华德·贝克曼（Howard Beckman）和理查德·弗兰克尔（Richard Frankel）共同主持的一项研究发现，医生为病人诊断疾病的平均时间是 18 秒。然而，当我们嘲笑医生的"神速诊断"时，大多数管理和领导者也总是在很短的时间里就帮求助者想出了解决方法。

简而言之，哪怕我们不知道对方的诉求是什么，不知道对方经历了什么，我们也还是很自信地认为自己有对方需要的答案。

哪怕我们不知道
对方的诉求是什么，
我们也还是很自信地认为，
自己有对方需要的答案。

Even though we don't really know
what the issue is,
we're quite sure we've got the answer
they need.

"还有什么吗？"可以打破那个怪圈。当问这个问题变成你的一个习惯，它将成为让你保持好奇最简单、省力的方式。它是一种管理工具，能把你内心的"建议怪兽"牢牢地关在笼子里。

这是你我之间的秘密。尽管我肯定在本书中进行自我介绍时，在最显眼的位置用双引号强调了，但我还是想说，我可是历史上第1位加拿大年度教练。因此，我是以一名专业教练的身份，把这个秘密透露给你们：

当对事情并不完全确定时，你需要一点时间来思考。这时候，问问自己"还有什么吗？"可以让自己得到更多的时间。

下面是详细方法，请不要告诉任何人。

提问，带着真诚与好奇

为了让追加问题发挥魔力，请遵循以下指导：

保持好奇，保持真诚

仅因为追加问题很神奇，并不代表你可以用非常无聊的方式来问出这个问题。你在培养自己这个习惯的时候，不要真的只问"还有什么吗？"请运用丹·科伊尔的深度练习原则，养成带着真诚与好奇的提问方式。同时，懂得倾听也是加分项。

多问一次

我们必须明白，对绝大多数人而言，他们提出"还有什么吗？"的次数实在太少了，而不是太多了。彻底养成这个习惯的最有效方式，就是不停地练习、试验，然后观察效果。作为参考，我通常会问这个问题三次，但很少超过五次。

识别成功

在谈话的某个阶段，对方可能会对你说："没有其他的了。"听到这句话之后，你可能会感觉到心跳加速并伴有小小的恐慌。其实你大可不必，把它理解为一种成功吧！"没有其他的了"是你应该追求的答案。它意味着你的这一项调查终于到了结尾。请深呼吸，然后继续问下一个问题。

在合适的时间继续

如果你感觉谈话开始力不从心了，那么是时候从另一个角度来提问了。有一种问追加问题的方式是："你还有什么想说的吗？"这代表着话题的终结，但并没有马上把门关死。

多场合使用

你可以把这个运用到任何类型的交流中。比如：

- 当你问别人："你最近有遇到什么问题吗?" 她回答了，然后你可以继续问："还有什么吗?"

- 当别人告诉你她将来的行动计划，你可以用"你还能多做一些什么?"来启发她。

- 当你尝试摸清对方的诉求时，你可以问："你在这件事情上遇到的真正的挑战是什么?" 她可能会给出一个害羞、含糊或白开水一样的回答，你可以通过问："你还有其他的困难吗?"把你的询问推到更深入的层次。

- 当你用"现在最重要的是什么?"开始当天的例会，你可以通过问："还有什么吗?"，来保持交流的压力。

- 当某个人开始提出一个新的想法时，你可以通过"还有什么其他的可能性?"，为他提供更多的勇气，探索新的可能，并给对方留出思考空间。

- 当你正在头脑风暴时不小心陷入思维泥沼，可以通过问"还有什么吗?"，来增加新的想法。

得到 3 ~ 5 个答案，已足够

有更多的选项，是一件好事。"还有什么吗?"的魔力在于它是发现并创造新可能的最快、最便捷的方式。但有时候，选项过多也可能产生负面效果。

巴里·施瓦茨（Barry Schwartz）是《选择的悖论》(*The Paradox of Choice*) 一书的作者，他曾在 TED 上举行同名的主题演讲。他为大家介绍了一项针对某超市消费者购物行为的研究：

> 在超市的果酱特惠日，超市内一张桌子上放着 6 种果酱；另外一张桌子上放着 24 种果酱。尽管大多数人都围在放有 24 种果酱的桌子旁边，但围在放有 6 种果酱桌子旁的消费者的购买率，是另外一张桌子的 10 倍。24 种果酱让消费者产生了决策麻痹。

对此，神经科学有自己的解释。

研究的起点是乔治·A. 米勒（George A. Miller）于 1956 年发表的一篇论文，论文题目就透露了它的结论：《神奇的数字 7，加或者减 2：我们处理信息时的一些局限》(*The Magical Number Seven, Plus or Minus Two：Some Limits on Our Capacity for Processing Information*)。科学界现在的主流观点是："4"是我们将信息组块化的最理想数字。

换言之，我们的大脑在无意识中数数的方式是这样的：1、2、3、4、很多。这可能解释了为什么我们能够记住 4 人乐队的成员名字，但乐队成员超过 4 人我们可能就一个也记不住了。

因此，当你问："还有什么吗?"，你的目标并不是得到无数的选项。你的真实目的是探究对方的真实想法，同时有效地阻止你的观点先入为主。如果你得到了 3 ~ 5 个答案，那么你的追加问题已经取得了非常好的结果。

• • • • •

带人&提问的科学：每个人都在等待发掘

既然我们宣布"还有什么吗?"是世界上最棒的带人提问，那么，理解其背后的科学原理将使它更具有说服力。当我们把这个难题推到研究员琳赛面前，她反馈了几条令我们惊叹的深刻见解。

她的第一个见解来自一篇发表于1929年的研究论文。研究指出，学生在重做一套真假判断题时，"第二次思考"明显提高了他们的判断力。同时，这一组学生的成绩也优于对照组。对照组的学生也重做了同一套真假判断题，但是在第一次做题时没有把答案写下来。

这个实验说明，当你得到一个答案之后，如果花时间再思考一下，答案的准确率会有所提高。一些更前沿的研究发现，追加问题（如"还有什么吗？"）能够激发更高层次的思考，并激发更深入的参与度。

琳赛的第二个见解，涉及心理学家对 3 岁幼儿的一项研究。心理学家设法让孩子们偷看某个玩具。然后问他们，是否偷看了。大约一半的孩子撒谎了，否认自己偷看了玩具，但是绝大多数孩子都很坦诚而准确地回答了第二个问题："那个玩具是什么？"

作为成年人，我们和孩子并没有太大的区别。每个人的心里总是隐藏着某种等待发掘的东西，只差一个问题把它引出来而已。而追加问题，正是其中最有效的提问之一。

带人&提问的艺术：慎用"伪问题"

在电影《教父》（*Godfather*）中，当马龙·白兰度（Marlon Brando，第一任教父扮演者）向某人提出一个无法拒绝的提议时，如果对方拒绝，那就意味着他在早晨醒来时，将在自己的床尾发现一颗马头。

当然，你会以一种更微妙、温和的方式来处理别人的拒绝。虽然你同意自己少给一点建议，多问一点问题，对所有人都有好处。但是，在你的内心深处，你可能依然坚信自己早已存在于心中的答案，于是你提出了"伪问题"：

"你是否考虑过 AAA？"

"比如 BBB 怎么样?"

"你觉得 CCC 或许可行吗？"

请不要用问句的形式试图向对方灌输自己的想法，那些问题根本不算真正的问题。

如果你已经有主意了，请不要说出来，问出"还有什么吗?"后，你或许会发现对方说出来的观点和你不谋而合。如果他说的和你想的不一样，你就说出你的主意。直接说出来，不要用伪问题的形式灌输给对方。

带人＆提问进修课：为对方提供更多选项

当下述事情发生时

我有了一个答案，想要给对方建议……

我不再

问一个伪问题，比如"你是否考虑过 AAA？"或者"你觉得 BBB 怎么样？"。

而是

问对方 7 大精华问题之一。如果我想表达自己的建议或观点，就直接说出来，而不是以问句的形式抛给对方。

不要用反问的形式，
向对方灌输自己的想法。

Stop offering up advice

with a question mark attached.

当下述事情发生时

写下你某个行为的触发点，它可以是某个时刻或某个人。

_____

_____

_____

"还有什么吗?"之所以如此有效，是因为它始终为对方提供更多选项的空间，同时让你保持缄默。因此，它的触发点正好是反过来的情况。比如下列这些时刻，你都能问出这个问题。

- 当别人告诉你一个想法，你想要给出建议时。
- 当你确定自己知道答案，不顾一切想要告诉对方时。
- 当他还没说"没有别的了"时。

我不再

写下你想要放弃哪些以前应对这些事情的习惯。越具体越好。

_____

_____

_____

你的旧习惯很可能是过早切换到给建议或给解决方案的模式。

如果你想得到正确的答案，
就必须先提出正确的问题。

英国女演员
凡妮莎·蕾格烈芙

....

Ask the right questions
if you're going to find
the right answers.

Vanessa Redgrave

比如：

- 人们刚说几句话时你就打断对方。
- 在人们说出他们的全部想法之前，你就把所谓的好主意告诉对方。
- 自以为知道对方的问题或对方想要的解决方案。
- 直接掌控你们的谈话，使对方没有机会充分表达。

而是

描述你的新习惯。

_____

_____

_____

应该所有读者都会写：我会问他们"还有什么吗?"。

关 键 7 问

THE COACHING HABIT

第 3 章

焦点问题:
你面临的真正挑战是什么?
避免无效,抵达核心

焦点问题可以帮你减缓
直接进入行动模式的速度,
使你把精力留给真正的挑战,
而不是刚浮出水面的第一个非重要问题。

关键 7 问

科学的世界总是充满各种意外而伟大的发现。威廉·珀金（William Perkin）在尝试治疗疟疾时，无意中发现了合成染料苯胺紫；安德鲁·弗莱明（Andrew Fleming）在外出旅行前，没有把自己的实验室收拾干净，结果回来后发现了世界上的第一种抗生素盘尼西林（也就是青霉素）；而便利贴的诞生，则归功于一种试验失败的强力胶。

不幸的是，这种误打误撞的幸运事情不太可能在你的公司发生。如果贵公司的企业文化和大多数公司一样，那么它一定是一个"成事"至上的地方——把事情搞定，从待做清单上划掉，然后开始下一项。如果你是和大多数与我共事过的管理者一样的人，那你一定想要做出一些改变。

问题的难点在于，你已经养成了这种思维模式。你只要一发现了某个问题，你身体的每一根神经、每一块肌肉，都会产生一种解决之、搞定之、消灭之的深刻渴望。

因此，世界上像你这样的管理者总是在呕心沥血地解决一个又一个无关紧要的问题，而对真正的挑战却视而不见。

他们告诉你的，是症结所在吗？

当别人向你提起他目前面临的问题时，请谨记：他们告诉你的问题，往往不是症结所在。当你开始进入解决问题的模式，你可能会犯三个错误：一是你在解决错误的问题；二是你在独自解决问题；三是你并没有解决问题。

你在解决错误的问题

或许，你有一种非常明智的方法，可以解决下属提出来的难题。然而，他们抛出的难题，很可能并不是真正的难题。他们描述的问题，本质上可能是非常次要的东西：一个表面现象、一个次级问题、之前某个环节留下的后遗症甚至是半个不完美的解决方案。

你在独自解决问题

你的团队把你训练得太好了，要你专门为他们效劳。任何时候，只要遇到问题，他们不会尝试自己去解决，而是直接来问你。看上去，无论对你还是对他们而言，这都是解决问题的捷径。但是，

你身体的每一根神经、
每一块肌肉，
都会产生一种解决之、
搞定之、消灭之的深刻渴望。

....

Every fibre of your body is

twitching with a desire to

 fix it, solve it,

offer a solution to it.

你或许会发现，除了做自己的工作，你还要承担一部分他们的工作，压力非常大。如果你去找心理医生，他一定会告诉你，你的团队成员对你"过度依赖"。

你并没有解决问题

你并不是闲着没事干，才要负责解决所有人的问题。或许，当你收到求助信号时，你手上并没有现成的答案。因此你决定忽略对方的求救邮件，或将那封邮件列入待做事项表，含糊其词地向对方承诺稍后解决。但这个稍后究竟是多后，并没有保证。突然，你停下了自己正在进行的本职工作。因为团队成员过度依赖你，你感觉自己被压得喘不过气，于是放慢了一切的节奏。总之，你成了自己的"瓶颈"。

你必须想办法克制自己横插一手的冲动。你需要防止自己被摆上桌子的第一个问题缠住。放慢一点，你才能抵达问题的核心。因此，你需要下面这个问题，帮助你实现这一切。

焦点问题：结构精妙之处

焦点问题可以帮你减缓直接进入行动模式的速度，使你把精力留给真正的挑战，而不是刚浮出水面的第一个非重要问题。它之所以有此功效，是有原因的。我们来看该问题的结构原理：

聚焦于真正的问题，
而不是第一个问题。

Focus on the real problem,
not the first problem.

挑战是什么？ 好奇心能够把你带往正确的方向，但这样的问题过于含糊。它只能带来一个废话式的答案，或者一个抽象的答案，起不到实际的作用。

真正的挑战是什么？ 这个问题暗示面前的挑战还有很多，可你必须找出其中最重要的挑战。这样的提问，可以让他们更加深入地思考和探索。

你面临的真正挑战是什么？ 人们可以毫无压力地判断某一形势中的最高挑战，却对自己面临的挑战浑然不觉。因此，加一个"你面临的"，就把问题范围定位在了你的谈话对象身上。将问题始终限于二人之间，这样你就能引导他找到其个人面临的真正挑战，从而把他拉出泥沼。

如何解决带人时常出现的"无效模式"？

如今你明白了焦点问题的结构精妙之处了，那么接下来你将看到该问题如何解决带人时经常出现的无效模式。正是因为这些模式，造成了谈话的模糊和失真，导致你无法将注意力聚焦到真正的挑战之上。在蜡笔盒公司，我们列出了3种最常见的"迷雾"，它们是挑战激增、焦点偏离、抽象化及概括化。

关键7问

挑战激增

你已经掌握了 7 大精华问题的第 1 个问题。"那么，"你信心满满地问，"你最近有遇到什么问题吗？"

对方慌张地回答："网站项目，我们刚运行了 3 周，已经落后计划 1 个月了；阿尔贝托又开始胡闹了；我们从市场上得不到任何反馈；我对项目预算感到很焦虑；我今天开车过来上班时，汽车发动机一直发出奇怪的'咔嗒'声……"

你见过别人玩澳大利亚土著部落的传统乐器迪吉里杜管（Didgeridoo）吗？当近距离观察演奏者时，你会发现对方似乎根本不需要喘气，就能一直吹下去。因为他的气息是循环的，从鼻子吸气的同时用嘴巴呼气。试一下，你会感觉这根本不可能完成。但很显然，你眼前的那个人并不这样觉得。你刚问完"你最近有遇到什么问题吗？"他就滔滔不绝地大吐苦水，根本不用喘气。

你或许还掌握了 7 大精华问题的第 2 个问题。但是，这种情况，你还没机会问出"还有什么吗？"就已经淹死在他的第一波问题里了。

面对如此多的问题，你感觉自己更加焦虑了。然而，同时你又感觉到一丝满足。因为有那么多问题，意味着你又可以一展身手，给出一大堆建议了。唯一的问题在于从哪里开始，是从对方提出的第一个难题开始，还是从你最有把握解决的问题开始。

或者，你想起了自己的新习惯，于是放弃掉了上述一切打算，及时退出建议模式，提出焦点问题："你面临的真正挑战是什么？"

没有好问题，
好答案便
没有机会一展身手。

《创新者的窘境》作者
克莱顿·克里斯坦森

··

Without a good question,

a good answer

has no place to go.

Clayton Christensen

挑战激增的症状　你做过爆米花吗？一个爆开、两个爆开、三个爆开，然后所有玉米都疯狂爆炸。挑战的激增也是一样。

挑战激增的解决方案　抵制诱惑，不要从一堆问题中挑一个然后就开始给建议。相反，问一个这样的问题："你刚刚提出了这么多问题，哪一个才是你现在真正面临的挑战呢？"

焦点偏离

"怎么了？"你带着好奇心问，"遇到了什么问题吗？"

"约翰。"

"约翰？"

"约翰，他简直是一个噩梦。我从来没有见过这种患有发光物体综合征的人。他的打扮实在是太花哨了，跟他在一起工作，就像跟五彩纸屑混在一起。"

"这是什么情况？多告诉我一点。"你鼓励。

"这只是开始罢了。他这个人根本分不清理想和现实。我并不是说他喜欢撒谎，他的问题在于，他根本分不清真假黑白。"

"我的天呐，还有什么？"

"哈！我跟你说过上次他……"

于是，你们的对话整整继续了45分钟，全程都在聊约翰这个人。毫无疑问，这是一次很有乐趣的聊天。最后，因为你们对约翰产生了某种优越感，你们感到心里很舒坦。你觉得自己的带人很成功，不仅因为你主动倾听了对方的苦恼，而且还很投入。

可是，这根本不是带人，也不是管理，这是八卦。或者直白一点说，这是在抱怨、发牢骚、背后损人。重点在于，你只能带眼前的这个人。

在谈话中，我们很容易把话题岔开到第三方（通常是第三者，但也有可能是某个项目），但是你必须集中精力，找到眼前这个人所面临的真正挑战。因此，在上述案例中，除非你们谈的是如何更有效地管理约翰，而不是一起嘲讽约翰，你才算是在带人。

为了达到这个目的，你可以抛出焦点问题：“那么，你面临的真正挑战是什么？”

抽象化及概括化

你问自己的下属：“你最近有遇到什么问题吗？”

“很高兴你这么关心我。我不知道你是否读了最近一期的《哈佛商业评论》，它有一篇文章谈到了公司战略和企业文化之间的战争。我知道，我们在这个项目中一直追求战略和文化的契合，但是领导团队在想……”她马上答道。

你点头，以为她很快就会说到重点。

你的心略微一沉，或许她永远都不会说到重点上。

并不是说这样的对话很无趣，事实上这种谈话通常都很有意思。但是，它更像是学术讨论，对正在发生的事情进行概括和总结。

这样的谈话，完全无法帮助你理清问题、寻找答案。

这时候，你就应该抛出焦点问题："那么，你面临的真正挑战是什么？"

抽象化和概括化的症状 你处在无边无际的高谈阔论之中，诉说者本人仿佛并不是事件的参与者，而是一名观察者。她的话语里边全是"我们"，从来听不到她说"我"。

抽象化和概括化的解决方案 如果你感觉整个谈话飘忽不定，就需要想办法让你们的话题着陆，把重点转移到你的谈话对象身上。为此，你可以提出这样的问题："我已经对公司整体的挑战有了认识。那么，你面临的真正挑战是什么？"

将重点从"灭火"转移到"培养消防员"

在第一章的开场问题中，我简单地介绍了为绩效带人和为发展带人的区别。为绩效带人，是典型的解决问题式管理。

为发展带人，超越了以解决问题为中心的思路，把重点转移到了负责解决问题的人身上。如我所言，就像灭火和培养消防员之间的区别。

有一种简单的方法，可以让你和下属之间的日常交流变得更有利于下属的成长。那就是在谈话的结尾，都把重点放到下属身上。这样，无论你们谈论什么问题都能从下属的视角出发。有了这种个人视角，他就有更多的成长机会。

现在，你已经懂得焦点问题的工作原理。以下几个简单的提示，可以保证该问题为你所用。

相信自己对他人有帮助

由建议模式转向提问模式之初，你会感觉到焦虑——"我只是在提问题，他们随时会看穿这一点"。

其实，你应该会发现，当你提出问题后你们之间出现了几秒钟的沉默。这时，你可以看到下属在进行思考和计算，最后给出答案。事实上，你几乎可以看到他身上正在建立新的神经通路。

为进一步让自己安心，你应该掌握七大精华问题的最后一问："现在什么对你最有用？"如此一来，你就能为彼此创造出一个学习的时刻。

记住，你仍然可以适当提建议

当某人把头从门外伸进来，问："你知道那个文件夹在哪儿吗？"请直接告诉他文件夹的位置，而不要问"你面临的真正挑战是什么？"否则，他会认为你今天不太对劲。（不过，往好处想那个人可能再也不会为鸡毛蒜皮的小事来烦你了。）作为管理者和领导者，你的职责之一就是给出答案。我们的目的，只是暂时抑制你直接给答案的本能。

关键 **7** 问

记住第二个问题

有人说，任何食物搭配熏肉，都更美味。作为一名不合格的素食主义者，我能证明这一点。同样，任何问题与"还有什么吗"搭配，都能达到更好的效果。

"你面临的真正挑战是什么"是一个很好的问题，加上"还有什么吗？你还面临着什么样的真正挑战？"这个问题就更具杀伤力了。

•••••

带人＆提问的科学："对你而言"的魔力

当我们把焦点问题抛给了研究员琳赛，她给出了一系列的研究结果。你或许记得，我在前面的章节提到过巴里·施瓦茨的《选择的悖论》，那本书里还讲述了如何减少选择、降低多任务处理带来的压力。事实证明，焦点问题不仅可以让你们的谈话进入重点，同时还具有释放创造力、解决拖延症等功效。

焦点问题的魔力很大一部分都在"对你而言"四个字上。1997年进行的一项科学研究调查了当数学问题描述中出现"你"这个字时，会造成什么样的影响。研究人员发现，当数学问题中出现"你"这个字时，答题者的答题时间会相对减少，同时准确率上升。

你可以把这一方法运用到所有问题上。无论你提出什么问题，你加上"对你而言"四个字，都能更快地得到更精准的答案。

带人&提问的艺术：以"是什么"开始

彼得·圣吉（Peter Senge）在 20 世纪 90 年代享誉全球，其著作《第五项修炼》（*The Fifth Discipline*）及其学习型组织理念对全世界的管理者而言都如雷贯耳。他在书中介绍了一种名为"五个为什么"（The Five Whys）的工具，它强调通过一个故事往回追溯，找到"一个重复出现的恶性问题"的根源。这是一个自我解释的过程。

西蒙·斯涅克（Simon Sinek）在其畅销书《超级激励者》（*Start with Why*）中，继续探讨了这一主题，并在 TED 上进行了同名主题演讲。在斯涅克看来，公司必须彻底清楚自身为什么存在，并把这种"存在的原因"当作自身的发展基石。只有这样，公司才能吸引更多的忠实客户和忠诚员工，让其紧紧地围绕在自己的品牌周围。

好的，请无视这两位作者。

没错，在公司层面，我们当然可以问"为什么"。但是，和你的下属进行目的明确的谈话时，请不要这么做，原因有二：

• 你会置他们于防御状态。如果你的语气稍有不对，突然问"为什么……"，在他们听来，你的意思便是："你们到底在搞什么鬼？"从这一刻开始，你们的沟通就进入了垃圾时段。

- 你的目的是解决问题。你问"为什么",是因为你想了解更多的细节。你想了解更多细节,是因为你想解决问题。因此,一旦问出"为什么",你就瞬间回到了团队对你过度依赖、你迟早会被压力压垮的怪圈。

每个问题都以"是什么"开始,不信你可以看一下 7 大精华问题,都是以"XX 问题"开头。

带人&提问进修课:深入症结的核心

以下是你的新习惯

当事情发生时……

我不再

问对方"为什么……"

而是

重新组织问题,问"XXX 是什么"。比如,你不能问"你为什么那样做",而应问:"你那样做的目的是什么?"不要问:"你为什么觉得这是一个好主意?"而应问:"让你选择这种方案的理由是什么?"不要问:"你为什么为这件事情感到心烦?"而应问:"在这件事中,你认为对你而言最重要的是什么?"

如果你不打算亲自出手，
就根本不需要
了解事情背景。

If you're not trying to fix things,
you don't need the backstory.

关键 7 问

开场：

你最近有遇到什么问题吗？

完美的开场问题，该问题既开放又不至于无的放矢。

确认：

还有什么吗？

给对方一个说出更多选项的机会。

然后谈话落到真正的重点：

那么，你面临的真正挑战是什么？

现在你的任务是找到最重要的挑战。

问：

还有什么（你面临的真正挑战）吗？

相信我，你的下属一定会再说点什么，甚至更多。

再次询问：

还有什么吗？

问完这个问题之后，你已经能找到真正的问题了。

深入症结的核心，并问：

那么……在这件事当中，你面临的真正挑战是什么？

当下述事情发生时

写下你的某个行为的触发点，它可以是某个时刻或某个人。

70

_____

_____

我们在这里要打破把精力浪费在错误问题上的怪圈。因此，你要留意任何导致你把焦点放到某个具体挑战之上的时刻。比起苦苦寻找所谓的真正挑战，直接开始寻找解决方案的确让人感觉更加良好。但是，这恰恰是焦点问题的威力所在。

因此，你的触发点可以是：

- 你的团队开始讨论某个挑战或某个项目。

- 你们的话题进入寻找解决方案的阶段时。

- 你对某人或自己的团队正在全力研究某个问题感到不确定时。

- 你对自己面临的挑战感到一丝焦虑和不确定时。

我不再

写下你想要放弃哪些以前应对这些事情的习惯。越具体越好。

_____

_____

_____

上面写的，是你想要破除的旧习惯。仔细回想一下：

- 你是否把摆上桌面的第一个挑战当成真正的挑战？

- 是否对实际的问题置之不理，只顾着和下属高谈阔论？

- 你是否尝试去解决每个挑战，因为它们看上去同等重要？

- 你是否在做别人应该做的事？

- 你是否根本没花时间寻找真正的挑战，就匆忙开始行动？

而是

描述你的新习惯。

_____

_____

_____

我敢肯定，你填的是"问：'你面临的真正挑战是什么？'"。

第 4 章

基础问题：
什么是你想要的?

减少误解，紧密联系

"交流中最大的问题，是其中产生的错觉"；
真实世界中，交谈双方误解对方意图的情况普遍存在，
而这也是很多交流以失败告终的根源。

彼得·布洛克（Peter Block）是一位杰出的思想家，他对我们在工作中的行为进行了深入研究。他的著作《完美咨询：咨询顾问的圣经》(*Flawless Consulting:A Guide to Getting Your Expertise Used*)，应该摆在世界上任何一位管理者的书架上。他的另一本著作《用"是"回答所有问题》(*The Answer to How Is Yes*)也应享有同样待遇。布洛克曾这样形容自己的作品："用责任赋予每个人自由"。该豪言壮语引发的疑问和它解决的问题同样多。其中一个疑问便是："什么是自由？"布洛克或许会这样回答：自由就是既像成年人一样处理自己的工作，又像成年人一样处理自己的人际关系。

金鱼问题：鼓起眼睛，嘴巴张开又合上

众所周知，"为自己的自由负责"是一件难以做到的事。布洛克

74

把"成年人之间的人际关系"定义为"你能够提出自己的请求，同时知道对方可能会拒绝该请求"。所以，本书的核心是一个简单而有效的问题："你想要什么?"有时候，我称这个问题为"金鱼问题"，因为大家对这个问题的反应通常是：鼓起眼睛，嘴巴微张，然后又无声地合上。为什么这个问题如此地难以回答? 请听我慢慢解释。

的确，我们经常不知道自己到底想要什么。就算你第一次很快答上来了，接下来"你真正想要的到底是什么"也会让你哑口无言。

但是，即使你知道自己真正想要什么，你也很难说出口。我们会找各种理由：时机不对、对方肯定会拒绝，以提醒自己不能提出要求。最重要的是，我们害怕对方在心里反问："你以为自己是谁，居然提出这种请求?"因此，我们将真正想要的东西，都藏在了心里。

可悲的是，即使你知道自己想要什么，也有勇气把它说出口，你也很难把它清晰地表述出来，让别人充分理解你的意思。是的，很多时候这是你自己的责任。你把自己的请求，藏在了一堆修饰词之下；或者你同时提出的其他次级需求，分散了对方的注意力；或者你对自己给出的大量暗示自信过头；或以为自己说几句略微消极的意见就够了。有时候，你的请求没有准确地被对方理解，责任在对方身上。比如，他们的脑子里完全想着自己的事情；或者他们站在不同的立场曲解了你的意思；或他们干脆在你说话的时候走神了。

但即使你知道自己想要什么，也为此提出了请求，对方也听懂了你的意思，你也很难从对方嘴里听到回答。即便对方回答了，也不太可能是"行",而是"不行",或者"也许",再或者"这个不行,可是……"然而,当别人向你提出请求时,你也很难真正明白对方的意图,"不行""也许""这个不行,可是……"等也会成为你的回答。

你会发现,世界上存有太多的原因导致"你想要什么"这条小船,永远无法抵达它的港湾。萧伯纳曾简洁地总结过,"交流中最大的问题,是其中产生的错觉"。真实世界中,交谈双方误解对方意图的情况普遍存在,而这也是很多交流以失败告终的根源。遗憾的是,我们并没有意识到这一点。

当然,改变这种情况并非不可能。其途径之一,是理解"欲求"和"需求"之间的区别。

非暴力沟通模型:分清"欲求"与"需求"

在第一次开始领工资时,我和别人讨论过储蓄的问题,还讨论了"欲求"和"需求"之间的区别。这是很实用的区分。我想,读者们在沉思了几秒钟之后,大概会给出这样的答案:

> 欲求:拥有它我会很高兴。
>
> 需求:我必须拥有它。

交谈双方纷纷误解
对方意图的情况很普遍，
这是很多交流以
失败告终的根源。

....

The illusion that both parties to the conversation

know what the other party wants is pervasive,

and it sets the stage for plenty

of frustrating exchanges.

理论上，这种区分没错。但实际上，好像任何事物都可以上升到"需求"的层次，所以这样的区分是无意义的。

马歇尔·卢森堡 (Marshall B.Rosenberg) 是"非暴力沟通"的鼻祖和倡导人。"非暴力沟通"是一种特殊的沟通过程，它"帮助人们平和地交换解决问题的必要信息"。在"非暴力沟通"模型中，卢森堡对"欲求"和"需求"做了更为精确和灵活的区分。

在卢森堡的模型中，欲求指的是表面的请求，比如在某个时间点之前上交一份报告，思考自己是否需要参加某个会议等。这种信息，经常在被问到"你想要什么"时出现。

识别对方的需求，就是往深处挖掘"欲求"，这可以让你理解对方"欲求"背后的深层次动机。引用经济学家曼弗雷德的研究，卢森堡告诉我们世界上存在 9 种普遍的需求：

情感	创造	娱乐
自由	身份	理解
参与	保护	生存

下次当你问某人"你想要什么"时，请听他的回复，看你能否猜出他的真实需求。例如，当某人说："我希望你在副总面前替我说几句话。"那他真正需求的或许是你的"保护"（"我的级别太低"），也或许是你的"参与"（"我需要你参与到这个项目当中"）。当某位家人告诉你："我今天想要早点走"，她真正寻求的或许是

"理解"（"待在家太难受了"），或者是"创造"（"我得去学校"）。当某人说："我希望你重写这份报告"，他的真实需求或许是"自由"（"我不想自己写"），或许是"身份"（"我才是这里的老板"），或许是"生存"（"我的成败就取决于你这一环了"）。

你会发现，理解对方的真实需求之后，你就能更准确地把握对方的请求。同样，反过来，如果你需要向别人提出请求时，你也可以尝试把自己的真实需求告诉对方。

我不是一名成功的法律系学生，老师在课堂上教的东西我几乎一个字都没记住。说来话长，我的学业居然终结于一位老师以诽谤的罪名对我进行起诉。这件事给我留下了深刻的印象，它让我认识到法律契约的本质是价值的交换。事实证明，这一交换原则可以帮助你与自己的合作伙伴结成更稳固、互惠的关系。

有时候，你需要做的就是问一个问题；还有的时候，你要做的是回答一个问题。"你想要什么"是一个威力强大的问题，当你把它抛给下属时，它将发挥更大的作用。这个问题让我们回到了彼得·布洛克的观点，我们在章节开头提到过，关于成年人之间交流的本质。

提高 TERA 系数，让对方感到善意和安全

只有了解彼此的需求，我们的交流才能进入到有趣且有价值

的阶段。这里面有很大一部分原因，要归结到雇用关系背后的神经科学。

打开21世纪的笔记本电脑，点开谷歌地球（Google Earth），你可以随时访问自己想去的地方。一些勇敢者甚至访问了地球上的所有国家，共计193个。但是，有太多新知识亟待探索，其中最令人激动的就是神经科学，即对人类大脑的研究。

运用极具创造力的实验，和诸如功能性核磁共振成像或脑电波扫描仪等科技手段，我们开始从神经科学的角度，来研究领导力的艺术。接下去，我们就要探讨在管理实践中与人打交道时，我们的大脑中哪些区域起了作用，哪些没有。

既然本书最核心的东西，就是基础问题，那么现在就是通过学习雇用关系背后的神经科学，把你的带人习惯和你的大脑紧密联系在一起的最佳时机。神经科学家伊万·戈登（Evan Gordon）有一句名言：大脑最基本的组织原理，就是风险与奖赏反应机制。

在无意识层面，你的大脑以每秒5次的频率扫描周围的环境并问："这里安全吗？这里危险吗？"你的大脑当然喜欢安全，因为只有在安全的环境中，它才能够在最精细的层面进行运转。这时候，你的思考更加深入，能够更敏锐地察觉到管理上的问题，你感觉周围的人都充满善意，你能够汲取群体的智慧，你感觉自己和其他人紧密联系在一起，可以放心地一往无前。

当大脑感觉到危险时，它的反应机制就会出现巨大的变化。它

那些反问
什么时候是个头？

美国单口喜剧表演者

乔治·卡林

....

When will the

rhetorical questions end?

George Carlin

将进入大家熟悉的"战斗或逃跑"反应机制，即所谓的"杏仁核劫持"[①]。你开始用非黑即白的视角观察，你假设周围的人都对你抱有敌意，而不是与你站在同一战线，你的大脑变得不活跃，没办法正常思考。总之，你进入了一种"撤退"状态。

出于明显的进化原因，我们倾向于假定周围环境是危险的，而非善意且安全的。我们的直觉或许是错的，但在人类进化历程中，"宁错勿漏"是更为成功的生存战略。

换言之，在你对环境的判断不确定时，你将其默认为不安全的，然后开始进入撤退状态。

然而，作为一名忙碌而野心勃勃的管理者，你希望与自己打交道的那些人（包括你的团队、老板、客户、支持者），与你紧密相连而不是对你避之不及。你希望对方感觉与你合作是有益的，而不是充满风险的。与此同时，你也终将意识到，你希望自己始终处于有安全感的状态，这样你才能最大化地发挥自己的聪明才智，而不是困于"战斗或逃跑"模式。

那么，你要如何影响他人的大脑，让对方认为当前的形势是充满善意且安全的而非危机四伏呢？

影响人类大脑对形势判断的因素，一共有四种，缩写为 TERA。

[①]杏仁核是位于大脑底部的杏仁状结构，能使其他动物产生恐惧感以及学习躲避伤害性刺激带来的疼痛。当杏仁核变得过度兴奋，发送出很多充满过激情绪的信息，而脑额叶（用来做出关键决策的器官）反应迟缓，不能及时切断来自杏仁核的警报信号，人的情绪就会失控。著名的美国学者丹尼尔·戈尔曼（Daniel Goleman）将这种状况称为"杏仁核劫持"（Amygdala Hijack）。

它会让你想到"风土条件"（terroir），即地区对葡萄酒风味的影响因素。当你专注于 TERA 时，你就会思考自己如何影响他人大脑对环境的判断。

T 代表部族感（Tribe） 对方大脑会问："你是跟我一伙的，还是敌对的?"如果对方大脑判断，你和它是一伙的，它的 TERA 系数就会上升；反之，它的 TERA 系数就会下降。

E 代表预期感（Expectation） 对方大脑会计算："我能否预料到未来?"如果它对接下来要发生的事情很清楚，那就意味着形势是安全的，否则它就会感觉到危险。

R 代表地位感 (Rank) 大脑喜欢比较，而这种比较并不是基于你的官方头衔，而是在具体场景中你与对方的权力较量。对方的大脑会问："你比我更重要，还是没有我重要?"如果你会削减他的地位，情况就不妙了。

A 代表自主感（Autonomy） 丹尼尔·平克 (Daniel Pink) 在其著作《驱动力》中谈到了自主权的重要性。无论你处于何种处境，你的大脑都会问自己："我有话语权吗?"如果你相信一切的选择都在自己手中，那么你的大脑就倾向于将环

83

境判断为"安全而有益处",从而会和周围的人产生紧密联系。如果你认为自己没有选择权,那么你的大脑就倾向将环境判断为"不那么安全"。

那么,你要做的就是尽可能提高对方大脑的 TERA 系数,问对方"你想要什么?",通常可以达到这种效果。这对你们双方都有好处。

TERA 系数的提高,意味着交流双方不是一方命令一方应该怎样做,它增强了双方的部族感。同时,这意味着你在帮助他解决挑战。如此,你还凸显了他的自主感和地位感。因为你不仅假定他是带着答案来的,更赋予了他优先发言权。"你想要什么",可以极大提高对方的地位感和自主感系数。作为另外一个影响因素,预期感(E)系数可能会有所下降,但是瑕不掩瑜。记住,你的目标是提高整体 TERA 系数。

● ● ● ● ●

带人&提问的科学:假设性的"奇迹问题"

当我请求研究员琳赛深入挖掘"你想要什么"这一问题时,她领着我走进了心理治疗领域。说实话,我曾对此表示怀疑。心理治疗固然是一种绝对高效的医学干预手段,但我们何曾听说过它可以作为管理者的一种工具,被运用到组织管理之中?

然而，琳赛展示给我的心理治疗确有其独到之处，它名为"以解决方案为基础的心理疗法"。心理医生会问病人一系列假设性问题，即所谓的"奇迹问题"。具体问题因人而异，但基本如下："假设今晚，在你睡着的时候，发生了一个奇迹，当你第二天早晨起床，你会如何突然发现一切都变得更好了？"

奇迹问题能够帮助人们更勇敢地去想象"更好的生活"。没错，是比现在好 10 倍的生活，而不是略有 10% 的起色。不过，我认为它的精华在于跳过过程，直接关注结果。换言之，头脑里一开始就想着最后的理想结果，而不是"结果可能如何"以及接下去怎么办。否则，这很容易导致事情还没起步，心态已经非常沮丧。

基础问题"你想要什么？"贵在直接，不绕弯子。但是它也有让人跳过过程，直接关注结果的功效，一旦你把目光放到谈话的重点上，通往重点的路径会自然而然变得清晰。

带人&提问的艺术：沉默，是一条通往成功的道路

当你问别人七大精华问题时，有时候迎接你的是沉默。

空旷无尽的沉默。

这里的"无尽"，是指有时候沉默时间长达三四秒。

在那些尴尬时刻，世界仿佛沉浸在《黑客帝国》（*The Matrix*）的子弹时间中。你希望自己赶紧说点什么避开尴尬。但是我们应该

抛开这种想法。很多时候，沉默是一条通往成功的道路。

因为，有可能你带的人在每次开口前都需要几秒钟时间在大脑中起草答案。那么给他一些时间吧！无论如何，那种沉默都表示对方在思考，在寻找答案。这意味着他的潜力和能力都在成长。所以，不要试图用语言缓解沉默带来的尴尬。这肯定会让你不习惯，却将创造出下属成长和学习的空间。

带人&提问进修课：深呼吸，不说话，再等三秒

当下述事情发生时

当我问她一个问题，而她没有马上回答，沉默了几秒时……

我不再

用语言来缓解沉默带来尴尬，比如问其他问题、换种方式问刚才的问题、给建议或者漫无目的地闲聊等。

而是

深呼吸，不说话，再等三秒。

当下述事情发生时

写下你的某个行为的触发点，它可以是某个时刻或某个人。

_____

_____

_____

这里的习惯触发点，是你感觉交流陷入停滞的时刻。你在各种选择中进退维谷、原地转圈，因为没有任何一个选择让你有认同感。

- 当对方迟迟不采取行动，你又不明白原因的时刻。
- 你开始对眼前的交流陷入担忧的时刻。
- 你们的交流已经脱离正轨，迟迟没法切入正题，而你拼命想要把它拉回轨道的时刻。

我不再

写下你想要放弃哪些以前应对这些事情的习惯。越具体越好。

_____

_____

_____

旧习惯的弊端在于，你总是信心满满地以为了解对方的需求，但他们自己都未必知道自己真正想要什么。所以，此处你要填的是：

- 你以为自己懂对方需求但沉默时，或你明明感觉自己可能错过了什么，却执意将谈话继续推进时。
- 你忍不住想要将自己的想法、观点和方案强加于人时。
- 当你感觉陷入困境、不知所措也找不到原因时。

而是

描述你的新习惯。

_____

_____

_____

很简单，问"你想要什么？"如果你把自己想要的也告诉对方，是加分的做法。

第 5 章

懒惰问题：
我可以如何帮助你？
保持好奇，保持"懒惰"

你花了太多时间做你以为别人希望你做的事情，

把自己累得半死，

而对方不但不领情，还很生气；

你还扼杀了下属在工作中成长的机会。

　　你是一个好人，为了让团队繁荣发展，倾尽了自己的一切。你希望自己"有价值""有用"。你喜欢这种"作出贡献"的感觉。然而，当你的价值从"有帮助"上升到"太有帮助"时，团队的工作最终全都落到了你身上。你总是不能避免这种情况。到时候，所有人（包括你、你的帮助对象和你的整个团队），都因为你的"帮忙"而付出代价。总之，你的好意最终成就了一个让人精疲力竭并起到负面作用的怪圈。

　　埃德加·沙因（Edgar Schein）在其著作《恰到好处的帮助》（*Helping*）中详细剖析了这一悖论。书中的核心观点之一表明，当你向他人提供帮助时，你就取得了一定的优势——无论有意无意，你提升了自己的地位，降低了对方的地位。这个观点有点反直觉，因为大多数伸出援助之手的人，都出自非常真挚的关心。但是，如果你把自己放到被帮助的人身上，设身处地地思考，就会发现这句话的正确之处。如果你有被别人强行"帮助"的经历，那你的内心会有一种由抵触、无奈与烦恼混合而得的奇妙感受。

那么，到底发生什么了？你应如何调整自己的行为方式，让自己的"帮助"变得真正有益？下面这个三角形，是一个绝佳的切入点。

戏剧三角：人际关系的 3 种"面具"

基于人际关系的心理分析是一种比较过时的心理治疗模型，它用"亲子式人际关系"和"成人式人际关系"的标签来区分我们与他人的关系。这种疗法很有趣，但几乎不可能运用到组织管理之中。它涉及太多心理治疗的术语。

所谓的戏剧三角，其发明者是史蒂芬·卡普曼 (Stephen Karpman)。它是心理分析中阐述人际关系的实用工具。戏剧三角假定，我们在和其他人打交道时（至少在某些时候），扮演的是不那么理想化的自我角色。如果你发现自己变成了新七个小矮人之一（小郁闷、爱抱怨、大嗓门、爱生气、牛角尖、小敏感、急性子），问题就来了。

卡普曼表示，在和别人相处时，我们在 3 种"标签"之间摆动，即受害者、虐待者和拯救者（见图 5.1）。每一种角色都会造成谈话紊乱并带来毫无益处的结果。阅读下面的角色说明时，请做这两件事：将现实中经常与自己打交道的人对号入座；将不同情况中的自己对号入座。

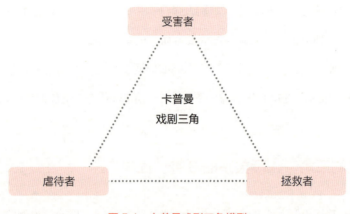

图 5.1 卡普曼戏剧三角模型

受害者

核心观点："我的人生如此艰难，我的生活如此不公平。可怜的我啊！"

表现："这不是我的错（是他们的错）！"

扮演这种角色的好处：不用为任何事情负责；你可以抱怨，吸引拯救者的注意。

扮演这种角色的代价：你永远感觉自己没办法改变任何事情，任何事情你都无法控制；你因无能而出名，成为大家避之不及的"祥林嫂"。

困扰：我觉得自己没有能力，没有地位，我感觉自己很没用。

虐待者

核心观点：我周围全是笨蛋，其他人都没我优秀。

表现："这不是我的错（是你的错）！"

扮演这种角色的好处：你有一种优越感、权力感和控制感。

扮演这种角色的代价：你最后需要为所有事情负责；你创造出了受害者；你就是所谓的微观管理者；人们为你卖最少的力，你成了人人讨厌的专制者。

困扰："我不信任任何人，我感觉到孤独。"

拯救者

核心观点："不要挣扎，不要担心，让我加入进来接管你的烂摊子，扫除一切麻烦。"

表现："这是我的错／责任（不是你的错）。"

扮演这种角色的好处：你有一种道德优越感；你相信自己是不可或缺的人物。

扮演这种角色的代价：人们排斥你的帮助；你创造出了受害者，让戏剧三角牢不可破；你成了人人嫌弃的爱管闲事者。

困扰："我很痛苦，因为我的拯救没有起到效果。"

这三个标签将你在具体情况中的表现归类。世界上不存在彻底的受害者、虐待者或拯救者。它们是我们在某种特定情况下扮演的角色，是我们在某些因素诱导下扮演的不完美自己。

我们每时每刻，都在扮演其中某个角色。通常，我们在和某个人的交流中，会不自觉地轮流扮演这三种角色，从受害者到虐待者再到拯救者。为了让你们更好地理解这点，来看看最近我和客户的一次对话。

我 [大声地]：这个房间的布置全是错的！我早就表示过我对房间的要求。让你们按要求来布置房间，究竟有多困难？还有甜甜圈？不要再给人发甜甜圈了！还有，演讲在 15 分钟之内开始！（虐待者）

客户 [抱怨口吻]：我把布置图交给后勤组了，可是他们就是不执行，我得一个人负责整个流程，没有任何人能够帮我，而且……（受害者）

我 [无奈]：好吧，别担心。我会亲自来重新布置现场、调试设备，我会给你们全都重新做好安排。（拯救者）

客户 [皱眉]：你就是典型的那种爱慕虚荣的演说家。我们已经付给你很多钱了，你还是对一切事情都吹毛求疵，然后在不满意的时候，顺理成章地接管一切。（虐待者）

我 [抱怨口吻]：我只是希望保证自己的演讲能顺利进行。你们根本不懂，把房间布置得妥妥当当究竟有多难，每次我好心帮忙的时候，别人总是不理解我。（受害者）

如此对话不断上演。

事实上，这种角色转换还可以更快。想想现在团队里最让你心烦、总是给你制造麻烦的那个人。你是否注意到，自己一瞬间就戴上了虐待者（"他们把我搞疯了！"）、受害者（"这不公平，为什么不能把他们赶到其他团队去呢？"）以及拯救者（"我会一直帮助他们搞定工作，直到他们能够独立工作为止。"）的面具？

打破"工作狂模式"的第一步

然而，大多数时候，每个人都有一个自己最习惯的角色。如果你和我培训过的大多数人一样，在被问到自己最经常扮演的角色时，你肯定会选择拯救者。甚至即使拯救者不是你的默认角色，我打赌你也对这个角色非常熟悉。

当我们处于拯救者模式时，总是在不停地解决问题、给建议，把原本属于别人的责任扛到自己的肩膀上。我们这样做，完全是出于好意；我们只是想帮忙，发挥自己作为管理者的作用。但是，你已经发现这样做的代价——你把自己累得半死，而对方不但不领情，还很生气；你还扼杀了下属在工作中成长的机会。说得更严重一点，你或许开始明白，为什么是拯救者创造了受害者而不是受害者创造了拯救者。

看懂戏剧三角，是管理者打破工作狂模式的第一步。一旦你明

当我们开始以为
自己有一切的答案时，
我们就忘记了
问题是什么。

美国作家
玛德琳·恩格尔

··

The minute we begin to
think we have all the answers,
we forget the questions.

Madeleine L'Engle

白其中奥妙，你就能重塑自己的习惯。

坏消息是，实际上你已经注定要在戏剧三角的兜兜转转中度过余生。

好消息是，如果你能识别戏剧三角并打破其规律，你的情况会越来越好。

萨缪尔·贝克特（Samuel Beckett）说得好："继续失败，继续。但是下一次失败的时候，请尝试败得更好看一些。"

是的，如果你可以快速意识到自己陷入了戏剧三角，并提出懒惰问题"我可以如何帮助你？"你就能迅速摆脱戏剧三角的陷阱。

"我可以如何帮助你？"这个问题的能量是双倍的。

首先，你通过这个问题，迫使你的下属明确自己的请求。这对他很管用。他或许并不完全确定，自己为什么要和你展开此次谈话。没错，他知道自己有所求，却不知道自己具体想要什么，除非你问他这个问题。而只有他清楚自身的需求，你才能决定自己是否要施以援手。

其次，这个问题会阻止你带着自己的答案，盲目地开始行动（那是典型的拯救者行为）。和问题"还有什么吗？"一样，懒惰问题也是一种自我管理的工具，让你保持好奇、保持懒惰。你花了太多的时间做你以为别人希望你做的事。有时候，你根本大错特错。

然而，这并不是最糟糕的部分，因为你可以很快发现自己的错误并进行纠正。最可怕的是，你只是稍微错了一点。这种情况下，你一直在做别人希望你做的事。这种事情不完全准确，但很有用，不至于错到别人提醒你停下。

剥掉谈话的一切装饰

比起"我可以如何帮助你？"，还有一种更直接的提问方式，那就是"你想从我这里得到什么？"

如果说"我可以如何帮助你"是穿着燕尾服的詹姆斯·邦德，"你想从我这里得到什么"就是杀出坏人巢穴时的詹姆斯·邦德。这个问题剥掉了谈话的一切装饰，把最核心的交换条件呈现在谈话双方面前：你想要什么？我想要什么？我们应该怎么做？

你应该可以想象用不同语气说"你想从我这里得到什么"的轻重之别。放到戏剧三角理论中，如果你扮演的是虐待者角色，那么这个问题就很富侵略性；如果你扮演的是受害者角色，那么这个问题就充满了抱怨；如果你处于拯救者模式，那么这个问题相当令人窒息。

无论你扮演的是哪种角色，只要在前面加上"出于好奇"就可以使"你想从我这里得到什么"这个提问的语气被软化。短短一句话，就把问题从原来的审讯语气，转换成了更随意的询问。

类似的短句还有很多，比如"为了让我更好地理解你的意思……"或"我想确认一下自己是不是完全清楚了你的意思……"

"请容我考虑一下……"

我们在问别人"我可以如何帮助你？"时很容易焦虑，因为潜在答案存在多种自己无法预料的可能性：

- "我需要你完成这个可怕／不合理／不可能的任务。"
- "我希望你替我出席那个让人如坐针毡的社交场合。"
- "你能把你所有的预算都给我吗？"
- "我要把这项额外的工作，添加到你已经不堪重负的肩膀上。"

然而，你最应该记住的是，不管对方给出了怎样的回答，你都有很多种回应方式。当然，"好"是其中之一，但并不是非"好"不可。而你内心深处说"好"的义务感，就是你焦虑的源头。

你还可以回答："对不起，我做不到。"你应该学会说"不"，这是你让自己不再"太有帮助"的第一步。不要直接说不，而是给出另外一个选择，这是一种不错的中间选项。"对不起，我没法做那个……但是我可以……"

最后，你也可以给自己一点时间考虑——"请容我考虑一下。""我不确定，我要确认一下其他几件事才能答复你。"

我知道这很难。当某人向你求助时，你要阻止自己下意识地进入到给建议或给解决方案的模式。当对方直接请求你的建议时，

99

要你闭口不言几乎是不可能的。他可能问："我要怎样才能
×××？"或者"你觉得我 ××× 怎么样？"这些问题充满诱惑而
又极具危险性，它们就是捕鼠夹上的奶酪，灭蚊器上的灯光，碗橱
里的巧克力。

　　在你还没反应过来之前，你的建议就已脱口而出。当然，给点
建议也不是完全不行。你的目的，并不是不给对方答案，而是最好
让对方自己找到答案。因此，你要养成下面这个新习惯：

　　当下述事情发生时

　　当某人给你电话 / 来你的办公室 / 从办公室那头对你喊 / 给你发
短信，问："我应该怎么 _____（某个会把你卷入其中的问题）？"

　　我不再

　　直接给她答案。

　　而是

　　说："这是个好问题，我有几个想法，可以和你分享一下。不过
在此之前，我想知道，你到底自己是怎么想的呢？"

　　当她回答时，你要适时点头，表示自己正在听并对此感兴趣。
她回答完毕后，你可以说："很好啊，还有别的想法吗？"

　　然后你继续点头，继续表示兴趣，并说："很不错，很不错。还
有吗？"

　　直到这一步，如果有必要，你才说出你的想法。当然，如果你

"你觉得 ××× 怎么样?"
这个问题就是
捕鼠夹上的奶酪。

....

"What do you think
I should do about...?" is
the cheddar on the mousetrap.

们的交流进行得很顺畅，你也可以继续问："还有别的吗？"直到她说出自己的全部想法。

• • • • •

带人＆提问的科学：这样询问，更高效

在"还有什么吗？"一章，我们提到了每位医生打断病人陈述病情的平均时间是病人开口 18 秒后。但是，我们蜡笔盒公司的研究员还发现，并非所有医生都缺乏交流的耐心。

琳赛进行了一项以不同方式和病人展开交流的研究。她让一些医生采取通用的询问方式，比如"我可以如何帮助你？"而另外一些医生的询问方式则更具体，比如"你今天是鼻子不舒服吗？"用通用方式提问时，病人的解释时间更长，提到的症状也更具体。因此，他们在慢慢地呈现出真正的病症。更奇妙的是，病人对使用通用方式询问病情的医生评价更高。

当你提出懒惰问题时，你的问题便变得开放。科学告诉我们，此时你不仅更高效，也更受对方的尊重。

带人＆提问的艺术：保持好奇，保持友好

你提出七大精华问题中的一个，然后进入"积极倾听"模式，

像一个大头娃娃一样不停地点头，小声地肯定鼓励对方继续陈述。无论如何，你都尽量让自己一直和对方保持眼神的接触。

然而，事实上，你的思维早就飘到十万八千里之外。或许你在担心，自己接下去要问什么；或许你在想，如何尽快结束这场对话；或许你在想，晚上是不是要自己做饭，碗橱里剩下的大蒜还够不够，是不是顺道要买点菜回去。

无论哪种情况，你都没有真正倾听对方的回答。

你在问出问题之后，最应该做的事情就是真诚地倾听对方的回答。

记住：保持好奇，保持友好。

带人&提问进修课：认真倾听对方

当下述事情发生时

我问了一个问题之后……

我不再

假装自己在认真倾听

而是

真诚地倾听对方的回答。如果我不小心走神了，我会赶紧清醒过来，继续开始倾听。

当下述事情发生时

写下你的某个行为的触发点，它可以是某个时刻或某个人。

_____

_____

_____

这里要写上的，是你的帮助欲被点燃的那一刻。究竟是什么激发了你助人为乐之心？比如是某人问你："我应该怎样 ×××？"或 "你能帮我 ××× 吗？"或 "××× 的正确方法是什么？"

- 或者是有人走进你的办公室，向你陈述最近遇到的麻烦，

  然后你的脑子里瞬间跳出了一个完美的解决方案。
- 或者在开团队会议时。
- 抑或是你觉得某件事情自己来做比较快，虽然你还不完全

  清楚自己要做的是什么。

简而言之，就是每次你产生插手的冲动时。而此时，最尴尬的是，你出于好意投入了大量的时间、精力，但对方根本不领情；你给予的，他们根本不想要。

我不再

写下你想要放弃哪些以前应对这些事情的习惯，越具体越好。

_____

_____

_____

你要抛弃的旧习惯，就是瞬间进入插手帮忙的模式——你给对方解决方案，你给对方建议，你往自己的待做事项表上又加了一项。你以为自己知道对方的需求，尽管他并没有完全陈述清楚。简而言之，你把对方的责任揽到了自己身上。

而是

描述你的新习惯。

_____

_____

_____

你问："我可以如何帮助你？"或直接一点："你想从我这里得到什么？"

关键 7 问

T H E   C O A C H I N G   H A B I T

第 6 章

战略问题：
如果你对这件事说了"好"，
那你对什么说了"不"？
普通工作，伟大工作

....

《哈佛商业评论》认为：

只有 10% 的管理者把时间和精力放到了真正重要的事情上。

说实话，我觉得 10% 这个比例都有些高估了。

在你的职业生涯中，你知道为什么有的工作能够让你爱得发狂吗？因为它很吸引你，让你兴奋；因为工作本身能够带来成果，具有影响力，它对你而言意义非凡。毫不夸张地说，也许当你在接手某项心仪的工作时，就恨不得已经开始做了。

除此之外，剩下的就是你例行公事的其他工作。

在蜡笔盒公司，我们把工作区分为普通的工作和伟大的工作。所谓普通的工作，即你每天需要做的，写在你的岗位说明书上的工作；所谓伟大的工作，即拥有更大的意义和更大影响力的工作。我们的目标，则是帮助全球各公司的人，减少在普通工作上的耗时，把更多的精力放到伟大的工作上。

或许，你可以想象一下，如果你和你的团队，每天多做10%的伟大的工作，公司将会发生什么样的变化？不过，谁有这个时间呢？事实上，如果懒惰问题"我可以如何帮你"让你觉得有点不舒服，那是因为你害怕别人真的回答了那个问题。你的时间已经被邮件、会议、合同、运动、阅读和家庭瓜分得一干二净。你怎么可以再对任何要求说"好"呢？

保持忙碌，是懒惰的一种形式

遗憾的是，在如今这个喧嚣、全球化、推崇精益组织的世界，"忙得喘不过气"变得理所应当。

"你怎么样？"他们问。

"忙，"你说，"不过是有益的忙碌。"

渐渐地，我们发现"忙碌"并不是成功的钥匙。萧伯纳曾有一句名言："理性的人让自己适应世界；不理性的人固执地想要让世界适应自己。但世界的进步，完全依靠不理性的人。"

《每周工作4小时》（4-Hour Workweek）的作者蒂姆·弗里斯（Tim Ferriss）把"忙碌"讲得很透彻，他说："保持忙碌是懒惰的一种形式——懒得思考，不加选择地行动。"这并不是我在前面章节推崇的有益的懒惰。

人们总是会提出各种看似有理的建议——"更聪明地工作，而非更努力地工作""凡事要讲战略"。这些建议听上去很正确，却没法付诸行动。它们就是所谓的"正确的废话"。事实上，"战略"这个词被滥用了。任何我们希望听上去更加重要、实用、深刻、优秀的事情，我们都会冠以"战略"之名。会议不是会议，是战略会议；报告不是报告，是战略报告；聚餐不是聚餐，是战略聚餐。我很想对那双名牌皮鞋进行战略收购，但是我买不起，只能看着羡慕一会儿。

这样做的结果，就是所有员工对"战略"完全免疫。鉴于"战略"一词的滥用，加上任何冠上"战略"之名的事，听上去都是别人（那些职位比自己高两三级的人）的事，你应该就能明白"战略"的害处。

但是，"战略"绝非是一摞在角落里吃灰的厚厚的文件。它是一种非常基本的存在要素。在对众多对"战略"的定义中，我对迈克尔·波特（Michael Porter）的说法情有独钟。他说："战略的核心，就是选择不做什么。"

主动说"不"，才有能力说"好"

是时候提出战略问题了：如果你对这件事说了"好"，那你对什么说了"不"？这个问题听起来比较复杂。首先，你要求人们正视他们说的每一句"好"。很多时候，我们说"好"，可能只是赞同某件事的一部分，或根本是出于误会才点头。

你肯定熟悉这一句话："我从来没有说过会那样做！"嗯，我也很熟悉。因此，请问问自己："到底'好'在哪里？"这样你就能保证自己没有做出错误的许诺。若你继续问："如果我完全同意这件事会怎么样？"就能把问题剖析得更加透彻。

"好"和"不"是同一枚硬币的两面。事实上，世界上存在两种"不"，一种是被动的，一种是主动的。你在对某件事说"好"的时候，就自动选择对其他事说了"不"。如果你对开会说了"好"，就等于对在开会时间可以做的其他事情说了"不"。理解这种形式的"不"，可以帮助你更充分地理解自己的决策。

还有一种主动的"不"，则可以让你和别人的对话进入到更深的层次。你需要先说"不"，才能对某件事说"好"。生活中我们总是承诺太多，可最后只能希望发生某种奇迹，让所有的承诺都实现。主动说"不"，可以创造出更多的空间、精力和资源，让我们有能力对其他事情说"好"。

你可以用前面学到的 3P 模型，尽量做到全面。

项目

- 你将放弃或推后哪些项目？

- 你将不再参加哪些会议？

- 你需要把哪些资源转移到你说"好"的项目上？

人

- 你要怎样控制自己的期望？

- 你要从哪个戏剧三角中脱离出来？

- 你要断开哪些人际关系？

"好"和"不"
是同一枚
硬币的两面。

A Yes is nothing
without the No
that gives it
boundaries and form.

模式

- 你要改掉哪些习惯？

- 你需要改善哪些老掉牙的方法和想法？

- 你需要放弃哪些对自我的执念？

好理由与坏理由

我曾在社交媒体上询问了一些关注我的粉丝，他们认为什么是说"好"或者说"不"的好理由和坏理由（见表 6.1）。

表 6.1 说"好"或"不"的好理由和坏理由

	坏理由	好理由
好	应付别人，只希望对方赶紧走或者挂掉电话； 我不知道自己真正的想法； 我觉得这会让别人喜欢我； 习惯。	我对对方的请求很感兴趣，而且他也给了一个让我点头的好理由； 我很清楚对这件事情说"好"的同时，需要对什么说"不"； 这项工作很有意义； 老板明确告诉我非做不可。
不	我不喜欢这个人（当然，特别不喜欢除外）； 我觉得很舒适，不希望改变现状； 攻击是最好的防御； 习惯。	我对这项请求很感兴趣，对方详细阐述之后，我认为自己不适合接手； 我仔细考虑了手头的工作，觉得还是先保证完成目前的任务为妙； 维持讲战略、懂思考的名誉。

对人说"好"，但对事情说"不"

对大多数人而言，我们最容易对两个群体的人说出"不"字。其一是我们最亲近的人，比如配偶和孩子；其二是很疏远的人，比如电话推销员。但是，我们很难对所有人说"不"，尤其很难对同事说"不"。而大多数企业文化都是如此，我们习惯性地说"好"，最差也是含糊地说一句"大概吧"。

比尔·詹森（Bill Jensen）告诉我，说"不"的秘诀在于，转换焦点并慢一点说"好"。如果我们根本还没有想清楚后果就毫不犹豫地说"好"，就会让我们陷入麻烦。

慢一点说"好"，意味着在做出承诺前对事情保持好奇。你可以问更多的问题：

- 你为什么来问我呢？
- 你还问过谁？
- 你说这件事很急是什么意思？
- 这件事需要做到什么样的程度？什么时候需要完成？
- 如果我没办法完全答应你的要求，而只能做到一部分，你希望我做哪部分？
- 你觉得我可以放弃手头哪些事情，来抽时间帮你的忙？

慢一点说"好"，
意味着在
做出承诺前
对事情保持好奇。

....

Saying Yes more slowly

means being willing to

stay curious before committing.

你这种提问方式，可能会激起对方4种反应，其中3种都是有益的。

第1种反应是，对方要求你不要再问这些惹人讨厌的问题，马上答应他的请求。由于对方的性格、公司文化和任务紧急程度的不同，有时候他会非常迫切地希望你帮助他。

第2种反应是，他很好地回答了你的每一个问题。这是一个很好的结果，因为你发现，他的请求经过了深思熟虑，而不是一时冲动的后果。

第3种反应是，他并没有现成的答案，但是愿意开始思考。这也是很好的结果，至少为你争取了一些时间。而且也很有可能他找到答案后，就不需要再麻烦你了。

第4种反应是，他还可能这也说："你好像太忙了，我还是去找别人试试吧。"

在2002年《哈佛商业评论》上一篇名为《当心忙碌的管理者》的文章中，海克·布鲁赫（Heike Bruch）和修曼特拉·戈歇尔（Sumantra Ghoshal）认为：只有10%的管理者把时间和精力放到了真正重要的事情上。说实话，我觉得10%这个比例都有些高估了。

你可以回想一下，你团队里是否存在这样一个人，他能够坚守自己的底线，不让各种额外的小工作、小请求在自己手中像滚雪球一样积累。而我们大多数人，往往就被这种雪球耗尽了所有的精力。那个人，或许不是团队里最受欢迎的一位。戏剧三角中的拯救者就是因为希望得到别人的喜爱，而不停地说："好的，交给我吧。"但是，那个人，一定非常资深、成功且被尊重。

那是因为，他比你更懂得如何缓慢地说"好"。

对某件事情说"不"总是尴尬的，因为你不仅是在拒绝某件事，更是在拒绝某个人。一旦涉及人，我们就不得不直面辜负他人希望的局面。

因此，这里关键的一环是"对事不对人"，你要创造出一个"第三方"，作为你的拒绝对象。例如，你可以把某个人的请求写在一张纸上，皱着眉思考一下，然后指着这张纸说："恐怕我不能答应这件事。"这比你说"恐怕我不能答应你"要好。

对人说"好"，但对事情说"不"。

5个核心问题，让宝洁战略专注

市面上有太多讲"战略"的书，其中大部分你都可以忽略。如果你一定要读一本，那请允许我隆重推荐罗杰·马丁（Roger Martin）和 A.G. 雷富礼 (A.G. Lafley) 的著作《宝洁制胜战略》(Playing to Win)。

雷富礼是宝洁公司的前 CEO，曾带领这家公司取得巨大成功。罗杰·马丁则是多伦多大学罗特曼管理学院的前院长，他也是一名深受雷富礼器重的咨询顾问。他们把战略分解为 5 个核心问题。这

成为求索者，
就约等于成为一名提问者。

作家、哲学家
萨姆·基恩

· ·

To be on a quest is
nothing more or less than
to become an asker of questions.

Sam Keen

5个核心问题被分解到个人和团队层面，但合拢起来又上升到一个价值亿万的全球性公司层面。

这些问题并非各自独立，回答其中一个问题，将影响到它后面甚至前面一个问题。在解决这些问题的过程中，你的答案逐渐统一成形。

这就是这5个问题的魔力。艾森豪威尔（Eisenhower）曾经说过："计划是无用的，但制订计划是不可或缺的。"话虽然说得有点过于绝对，但宝洁公司的确依靠这些问题，进入了制订伟大计划的过程。以下就是这5个核心问题：

- 促使企业取胜的愿景是什么？"取胜"这个定语把平庸排除在外。如果你想赢，你就必须明白自己在做什么，对手是谁，你想对这个世界产生怎样的影响？

- 我们进军哪类市场？你在红海市场很难有所作为。选择一个行业、一个地区、一种产品、一个渠道和一类客户，然后集中你的资源。

- 我们如何取胜？你有什么竞争优势，可以拉大你和别人的差距？

- 企业必须具备哪些能力？你不仅要考虑自己应该做什么，更要思考如何把它变成你的一种能力。

- 企业需要什么样的管理体系？管理人员并不难，难的是管到点子上。

这些问题背后的问题是我们的战略问题：如果你对这件事说了"好"，那么你对什么说了"不"？马丁和雷富礼说："记住，战略就是制胜的选择。它是5个核心问题的整合统一。你在定义战略时，选择你要做的和不做的。"惠普公司的CEO梅格·惠特曼（Meg Whitman）总结道："这5个问题强迫你进行艰难的权衡。"

●●●●●

带人&提问的科学：避免认知偏差

2002年，丹尼尔·卡尼曼（Daniel Kahneman）凭借其在判断和决策心理学领域的贡献（该领域如今被称为"行为经济学"）获得了诺贝尔经济学奖。他写过一本非常著名的书——《思考，快与慢》（*Thinking, Fast and Slow*）。他在书中解释，人有两套决策程序：一套更快，凭借的是生物本能与直觉；另一套更慢，也更加理性。快速思考程序大多数时候优秀而准确，但毕竟不假思索，加上人们天生带有一些认知偏差，最后可能会带来错误的决策。战略问题能够帮助我们避免至少两种认知偏差。

第一种认知偏差，是"计划谬误"。大意是，我们非常不擅长计算完成一件事情究竟要占用多少时间。其原因是我们总是高估自身能力，并总是低估我们"高估自己"的程度。也就是说，人天生眼高手低。战略问题能够帮助我们更理性地思考和判断。

第二种认知偏差，被称为"前景理论"，即失去和得到永远不相等。比如，失去 100 元的痛苦程度，比得到 100 元的喜悦程度，要高得多。该认知偏差导致第一个结果是，我们一旦得到某样东西后，不仅不愿意失去它还会高估其价值。战略问题有助于我们客观看待自己手中的工作，让我们能够更好地衡量什么值得紧抓不放，什么应该趁早撒手。

带人＆提问的艺术：很好！不错！我喜欢！

加拿大女歌手卡莉·蕾·杰普森（Carly Rae Jepsen）在 2012 年夏天凭借单曲 *Call Me Maybe* 在网络红极一时。这首歌曲的 MV 在"油管"上的点击量超过了 7 亿次。*Call Me Maybe* 采用的是一种非常古老的音乐形式："启应形式"（call and response）。

卡莉·蕾·杰普森启（"Hey, I just met you"），小提琴应；卡莉·蕾·杰普森再启（"And this is crazy"），音乐再应。这种音乐形式，

你并不需要给出评判，
你的目的是鼓励对方。

This isn't about judging people;
it's about encouraging them.

你可以追溯到乡村音乐和布鲁斯音乐的根源。

你已经充分认识了提建议的危害，于是一直对问题本身保持兴趣，而不是急匆匆地给建议。

好极了，接下来请进入响应模式。

请记住，在问下一个"还有什么吗？"之前，让对方知道你听到了他刚才说的答案。你不用说太多，因为你并不需要给出评判。你的目的是鼓励对方，让他们知道，你在听。

我最常用的响应方式包括：很好！不错！我喜欢！很有想法！嗯——我打赌你也有自己的习惯语句。那么，你会再补充几句什么呢？

带人&提问进修课："嗯！说得好！"

当下述事情发生时

对方回答了我的问题之后……

我不再

马上开始问下一个问题……

而是

响应对方，说："嗯！说得好！"

当下述事情发生时

写下你的某个行为的触发点，它可以是某个时刻或某个人。

_____

_____

_____

这里可以填的触发点如下：

- 当你发现别人不停地给自己加码，把自己从不堪重负搞得濒临崩溃时。

- 当你发现别人用说"好"来回避问题时。

- 当你发现工作节奏过快，员工出现问题时。

简而言之，某人决定作出新承诺时。

我不再

写下你想要放弃哪些以前应对这些事情的习惯，越具体越好。

_____

_____

_____

- 当你希望自己和自己的团队能够不停给自己加码时。

- 当你发现自己处于拯救者模式时（对一切事情说好，只为让对方开心）。

- 当你发现自己处于受害者模式时（你觉得自己别无选择，只能说"好"）。

而是

描述你的新习惯。

_____

_____

_____

不要再毫不犹豫地接过重担，而是问自己：为了实现这个承诺，我愿意放弃什么？愿意付出什么样的代价？

关 键 **7** 问

THE COACHING HABIT

第 7 章

学习问题：
对你而言什么最实用?
懂得学习，独立成功

作为一名管理者和领导者，
你的职责是为人们创造出学习的机会和空间。
为此，你需要用一个问题，来驱动他们的双回路学习。

　　作为一名管理者和领导者，你当然希望下属又快又好地完成工作。可是你并不满足于此，你还希望他们懂得学习，变得更能干、更独立、更成功。巧的是，他们也是这样想的。

　　但是，帮助别人学习是很困难的。有时候，你向他们反复强调一个非常明显的知识点，就差直接把他们的脑袋打开塞进去了，但大多数情况下，你得到的回报仍然是他们茫然的眼睛。

　　为什么会这样呢？原因很简单：人没法吸收别人直接灌输给自己的知识。

　　人甚至不能一边做事情一边学习。人只有在创造新的神经通路时，才开始真正的学习，只有那时候，他们才会回忆并思考自己刚刚经历的一切。

驱动下属的"双回路学习"

四十多年前，学者克里斯·阿基里斯（Chris Argyris）创造了一个术语，叫"双回路学习"。如果第一个回路是尝试解决问题，那么第二个回路则创造了一个学习的时刻。也就是在第二个回路中，人们总结了经验，找到了规律。当新的神经通路形成，人们便恍然大悟。

作为一名管理者和领导者，你的职责是为人们创造出学习的机会和空间。为此，你需要用一个问题，来驱动他们的双回路学习。那个问题就是："对你而言什么最实用？"

如果你曾经努力学习过，你一定很清楚——学习过程中最让人感到沮丧的事情之一就是左耳朵进，右耳朵出。太多人在走出教室的那一刻，就把自己刚学过的东西忘得一干二净。一周后，哪怕是那些当初让你觉得醍醐灌顶、前面几十年白活的知识，也在你的脑海里找不到一点影子。

但是，在进行了基于神经科学和心理学相关研究之后，我们知道了如何让学习更加高效和成功。

乔希·戴维斯（Josh Davis）与其神经领导力研究所的同事，创造了一个 AGES 模型以阐述长期记忆的 4 种神经科学驱动程序。AGES 4 个字母分别表示：注意（Attention）、形成（Generation）、情绪（Emotion）和间隔（Spacing）。

我们在这里要重点强调的是 G: 形成。它代表"在你和新知识

你的职责是
为人们创造出
学习的机会和空间。

Your job is to create the space
for those learning moments.

之间创造属于自己的连接的行为……一旦我们花费时间和精力形成认识并寻找答案，而不仅仅是听取建议，我们的记忆将保持得更加长久。"

它简洁地解释了为什么给建议不管用。我可以断定，你的建议很难进入对方大脑的海马体，也就是大脑的记忆编码区。如果我问你一个问题，你自己形成了答案，那么这个答案将长久地停留在你的头脑里。

心理学领域存在一个相似的观点。在著名心理学家彼得·布朗（Peter Brown）、亨利·勒迪格三世（Henry Roediger III）和马克·麦克丹尼尔（Mark McDaniel）的著作《认知天性》（*Make It Stick*）中，他们总结了学习过程中非常实用的记忆策略。他们总结出的第一个主要策略，是利用信息检索的影响力。他们用非常含蓄的语言形容了这种方法："其精髓是打断遗忘的过程。"

人的遗忘每时每刻都在发生，因此哪怕你只是在交谈结束时问一个问题，也在很大程度上减小了对方后来说"你从来没有我和说过这件事"的概率。

如果你希望对方把你们的谈话记得更牢一点，你可以想办法在谈话期间提几个问题，而不是在结束时。书中提到"思考是实践的一种形式"；在进行思考时，你实际上就进入了丹·科伊尔所谓的"深度练习"。你可以在团队例会或一对一例行谈话的开场时，问这么一个问题："自从我们上次开会后，你学到了什么？"我有一个习惯，每天结束时，我都会用一款叫作 iDoneThis 的手机应用，写下自己今天做过的最有感悟和最自豪的事情。

"主餐型问题"：6 方面满足你的需求

你可以提很多问题，把知识的形成和检索过程嵌入学习中。这些问题很常见，也很实用。

如果说上面那些问题只是甜点，那么"对你而言什么最实用"才是主餐。这个问题能从 6 个方面满足你的需求。

它假定你们的谈话很实用

温斯顿·丘吉尔曾说过，"人们偶尔被真理绊倒，但大多数人会马上爬起来继续向前奔跑，假装什么都没有发生过"。你和别人的谈话也如此。人们的谈话里总是闪烁着智慧的光芒，但你必须要在隔一段时间回顾的时候才会发现其中的奥妙。"对你而言什么最实用"这一问题能够立即让你回顾刚刚发生的事情，找出其中最实用的知识并形成记忆。

它要求对方主动识别最实用的关键信息

你给的反馈，并不是越多越好，应该少而精。如果你列出 12 个注意事项，换谁也不能一次性全记住。更高效的方法是，找到最重要

我们活在一个
由我们的问题
创造的世界里。

凯斯西储大学管理学院教授

戴维·库柏莱德

....

We live in the world
our questions create.

David Cooperrider

的一个点、最应该记住的信息。"对你而言什么最实用?"这一问题能够帮助对方把注意力集中到最重要的一两个点上。

它把谈话拉到针对个人的层面

加上"对你而言"这个定语,就把问题从客观层面拉到个人主观层面。这时候,你就在帮助对方形成新的神经通路。当然,人们最终是自己告诉自己什么最实用,而不是你在告诉他们什么最实用。

它让你得到反馈

聆听你得到的回答,因为它不仅对对方有益,对你也有益。它能让你知道下次还可以怎么做;它还能让你明白,你还是起到了很大的帮助(虽然你没有给建议,只是提问题)。

它是一种学习,而非判断

你将注意到一些你原本没有问及的方面。如果你问:"这实用吗?"对方只能回答"是"或者"否",这种问题没法引起更深的思考;它只不过是一道判断题。"最实用的是什么?"则让人们主动提取谈话的价值。

它提醒人们,你对他们而言是多么地有帮助

到年度绩效评比时,员工们人手拿一张调查问卷,"我的经理对

我有帮助吗？"当大家想起过去一年和你一次又一次的谈话，他们最终给了你五颗星的评价。

带人组合拳，让谈话迸发出更多智慧火花

有了学习问题，你终于有了所谓的"带人组合拳"。你用开场问题来开启对话："你最近有遇到什么问题吗？"

这个问题让你快速进入一场干货满满的谈话，而不只是随意闲聊，或者收到大量杂乱且不实用的信息。

而当你想要结束谈话时，你可以问学习问题："对你而言，我们这场谈话里最实用的是什么？"

回答这个问题，有助于对方提取此次对话中最实用的信息，并嵌入其学习过程。如果你还想让你们的谈话迸发出更多智慧的火花，并加强你和谈话对象的关系，你可以告诉对方自己在这次谈话中的最大的收获。这种信息的平等交换，能够加强你们之间的情感和社会联系。

• • • • •

带人＆提问的科学：以"峰终定律"结束谈话

本章，我分享了如何提高在谈话中对检索信息的能力。因此，

我要求我们的研究员琳赛从一些新的角度，来论证学习问题背后的原理。结果，她把我带到了一个做梦都想不到的领域：结肠镜检查。

2002 年的诺贝尔经济学奖获得者丹尼尔·卡尼曼曾提出过一个"峰终定律"。简而言之，人们在体验过一件事物之后，所能记住的就只是在顶峰与终点时的体验，而在过程中好与不好体验的比重、好与不好体验的时间长短，对记忆几乎没有影响。只要体验在愉快中结束，过程多么糟糕也没有太大关系。

人们以多种方式验证过这一理论，其中最奇葩的便是结肠镜检查。在一项研究中，一部分病人接受了传统的结肠镜检查，另外一部分病人则接受了经过改良的结肠镜检查。结果，结肠镜检查时间延长一分钟，但最后取出时疼痛感更轻的患者，他们报告的不适感程度，比另外一组轻 10%。而该组患者，回来进行后续治疗的概率也高出 10%。

"对你而言，最实用的是什么？"这是一种非常积极且有力的结束谈话的方式。你不仅能够帮助他人从此次谈话中学习，更能为此次谈话打上"实用"的烙印，这样一来，人们对此次谈话的体验将上升一个档次。

带人&提问的艺术：7 个精华问题，线上同用

到了这本书的尾声，你肯定知道自己需要改变和下属、同事或

客户的谈话方式。你需要始终保持好奇心，压制住"建议怪兽"，帮助人们迅速找到自己的路，在恰当的时机与他们分享你的智慧。

但是，如今我们生活中大部分时间都是盯着屏幕，在一些社交媒体平台上进行交流，比如邮件、QQ、微信、推特和脸书。

这7个精华问题，不仅可以在面对面交谈时使用，也可以在线上交流时使用。当你收到一封冗长的邮件，以前的你或许会叹一口气，然后捋起袖子，开始写冗长的建议。但现在，你可以利用这些问题，用简洁的方式回复对方。

带人&提问进修课：甄选合适问题，打好"带人组合拳"

当下述事情发生时

当我收到一封"求救"邮件，体内的"建议怪兽"正在蠢蠢欲动时……

我不再

写一封塞满各种建议和答案的回复邮件，或在邮件中回复任何简短的指令……

而是

从7个精华问题中甄选出合适的问题，并回复邮件。例如：

"哇，发生的事情可真不少。你觉得，对你而言，你面临的真正挑战是什么？"

"我浏览了你的邮件。简短点说吧，你想要什么？"

"在详细回复你之前，我想先问一句：你在这件事情上真正的挑战是什么？"

当下述事情发生时

写下你的某个行为的触发点，它可以是某个时刻或某个人。

_____

_____

_____

这个问题是"带人组合拳"的第二部分，因此这里的触发时刻，就是谈话结束时。无论是和下属、同事、老板的交流结束时，还是在团队会议、演讲或你和顾客的交流结束时，只要你觉得"天呐，终于说完了！"那么，你就可以问这个问题。

我不再

写下你想要放弃哪些以前应对这些事情的习惯。越具体越好。

_____

_____

_____

在莎士比亚的《冬天的故事》(*The Winter's Tale*) 中，有一句全世界最著名的舞台退场指导："退场，被熊追。"这句话生动地描述了大多数谈话的结局。

你很可能没有问学习问题，而是告诉对方他们有多棒，或者检查自己的日程表，担心自己下一场会议已经迟到。总之，你的这些行为，都没让你从你们的谈话中提取出真正的价值。

而是

描述你的新习惯。

_____

_____

_____

很简单，提问。"那么，对你而言，我们的谈话中最实用的是什么？"或"你觉得我们此次谈话最有价值的是什么？"或"你觉得哪句话说到点子上了？"你有很多种问法可以帮助对方在这次谈话中学习和成长。

关 键 7 问

THE COACHING HABIT

致　　谢

●　●　●　●

　　写致谢总是让人焦虑。因为你会突然意识到：首先，一路上得到了许多人的帮助，你才能顺利冲过终点；其次，你的记忆力根本是个笑话。我知道，我肯定会忘记某个不应该被遗忘的人。如果那个人恰好是你，我表示道歉。

　　我花了4年多的时间来写这本书，其间易稿3次。所以，这本书，是一大群人的鼓励、热忱和智慧的结晶。

　　对本书前期草稿提出过批评意见的读者包括吉尔·墨菲、凯特·黎、珍·劳登、帕姆·斯利姆、迈克尔·莱基、凯伦·赖特、埃里克·克莱因、莫莉·戈登、马克·西尔弗、维尼塔·英德维和加思·斯塔尼尔。他们鼓励我继续前进，远离平庸。苏西·博洛廷和布鲁斯·崔西拒绝了我的初稿，事后证明这是多么英明的决定。琳赛·米勒和伊丽莎白·伍德沃斯帮助我进行了深入的研究工作，增加了这本书的深度。

　　我有一个梦幻般的编辑和设计团队。凯瑟琳·奥利弗纠正了我乱用省略号、乱用大写字母等诸多毛病。从宏观修整到细节微调，经过凯瑟琳三轮的精心编辑，这份手稿才最终形成。朱迪·菲利普斯校对起来仿佛长了一双鹰眼。我的出版顾问杰西·芬克斯坦和梅根·琼斯，帮助我们把独立出版的事业做到了专业水平，而不是磕磕绊绊的业余爱好者。彼得·科林的设计，让我得到了一本优雅的书，我喜欢它的外观和带给我的感觉，而不仅仅是它的内容。我的同事马克·鲍登想出了这本书的副书名，简直完美。

　　蜡笔盒公司有一个非凡的团队，能和他们一起改变世界，我觉得万分的荣幸。谢谢夏洛特·莱利、丹尼斯·奥戴斯、安娜·加尔撒·罗毕拉德、彼得·哈奇、索尼娅·加巴拉、西尔瓦娜·拉西瓦、欧内斯特·奥连蒂、罗娜·比伦鲍姆、沃伦·麦坎、弗兰克·莫兰。还有帮助设计本书的罗伯特·卡布韦以及帮助策划和运营这本书的斯坦·麦基。

　　蜡笔盒公司专门培训忙碌的管理者如何在10分钟或更短时间内带人。我们的项目由一群极其出色的主流服务型企业赞助。感谢我们目前的讲师团成员——莱亚·贝莱尔、海琳·贝勒罗斯、杰米·布劳顿、蒂娜·迪亚斯、乔纳森·希尔、琳恩·路易斯和苏珊·琳妮。有人曾经说过，每个成功人士的背后，都有一个令人惊叹的女人。感谢全能的副总裁马塞拉·邦吉·斯塔尼尔，感谢蜡笔盒内务部负责人玛琳·奥德迈尔。感谢你们的支持、爱和鼓励。

附　录

●　●　●　●

附录 1："我的最佳提问"系列视频

你已经知道了我最喜欢的 7 个问题。但其实，还有很多了不起的问题被许多人视若珍宝。我们邀请了一系列商业领袖、高管教练、作家和思想领袖，分享他们的最佳问题。

出镜人员中包括 Bev Kaye, Pam Slim, Michael Port, Jim Kouzes, Les McKeown 等畅销书作家和思想领袖以及瑞士联合银行、研科公司、天联广告公司、洲际酒店集团和德国电信公司的高管。

附录 2：我最喜欢的管理类书籍

如果你和我一样，是一名鸡尾酒爱好者，请给我发邮件；如果你想要一杯淡紫色的玛格丽塔，你会发现，酒吧的人通常都把最好的酒放在架子的最高层。

我一年读的管理类书籍超过 100 本，而且坚持了很多年。我的书架空间有限，因此如果我要留下某本书，就得同时丢弃另外一本书。这听上去很残酷，很达尔文主义。

下面我甄选出来的这些书籍，最终都留在了我的书架上。它们能够对你的人生起到最大的帮助，能够助你取得伟大的成就。以下就是我的推荐书单：

自我管理

如果只读一本讲积极性的书：

丹尼尔·平克 (Daniel Pink)

《驱动力》(*Drive*)

如果只读一本培养新习惯的书：

查尔斯·杜希格 (Charles Duhigg)

《习惯的力量》(*The Power of Habit*)

如果只读一本利用神经科学改变自我的书：

丹尼尔·西格尔 (Daniel Siegel)

《第七感：心理、大脑与人际关系的新观念》(*Mindsight:The New Science of Personal Transformation*)

如果只读一本关于适应性的书：

赛斯·高汀 (Seth Godin)

《浸》(*The Dip*)

如果只读一本关于深度改变自我的书：

丽莎·莱希（Lisa Lahey）& 罗伯特·基根（Robert Kegan）

《变革为何这样难》（*Immunity to Change*）

组织变革

只读一本真正有用的关于组织变革的书：

奇普·希思（Chip Heath）& 丹·希思 (Dan Heath)

《行为设计学：零成本改变》（*Switch:How to Change Things When Change Is Hard*）

如果只读两本帮你理解改变是一个复杂系统的书：

弗雷德里克·拉卢（Frederic Laloux）& 肯·威尔伯（Ken Wilber）

《重塑组织》（*Reinventing Organizations*）

丹·庞蒂弗拉克特（Dan Pontefract）

《扁平军队》（*Flat Army*）

如果只读一本关于放大优点的书：

理查德·帕斯卡尔（Richard Pascale）& 杰里·斯坦宁（Jerry Sternin）& 莫妮可·斯坦宁（Monique Sternin）

《正向偏差的力量》（*The Power of Positive Deviance*）

如果只读一本关于提高你对公司影响力的书：

彼得·布洛克（Peter Block）

《完美咨询：咨询顾问的圣经》（*Flawless Consulting:A Guide to Getting Your Expertise Used*）

如果只读一本利用结构改变行为的书：

阿图·葛文德（Atul Gawande）

《清单革命：如何持续、正确、安全地把事情做好》（*The Checklist Manifesto:How to Get Things Right*）

其他书籍

如果只读一本讲战略的书：

A.G. 雷富礼（A.G. Lafley）& 罗杰·马丁（Roger Martin）

《宝洁制胜战略》（*Playing to win*）

如果只读一本关于如何放大自身影响力的书：

罗伯特·萨顿（Robert Sutton）& 哈吉·拉奥（Huggy Rao）

《可复制的成功》（*Scaling Up Excellence*）

如果只读两本关于提问的书：

沃伦·贝格尔（Warren Berger）

《如何提出一个好问题》（*A More Beautiful Question: the Power of Inquiry to Spark Breakthrough Ideas*）

多萝西·斯特罗恩（Dorothy Strachan）

《问到点子上》（*Making Questions Work*）

如果只读一本巩固学习记忆的书：

彼得·布朗（Peter Brown）& 亨利·勒迪格三世（Henry Roediger III）& 马克·麦克丹尼尔（Mark McDaniel）

《认知天性》（*Make It Stick*）

如果只读一本如何在职场帮助他人的书：

埃德加·沙因（Edgar Schein）

《恰到好处的帮助》（*Helping*）

如果只读一本让你对每天都对世界感到感激和惊奇的书：

比尔·布莱森（Bill Bryson）

《万物简史》（*A Short of Nearly Everything*）

如果只读一本拯救生命、增加影响力的书：

迈克尔·邦吉·斯坦尼尔（Micheal Bungay Stainer）等人

《结束疟疾》（*End Malaria*）

（本书所有版税捐给消灭疟疾基金，目前为止已达到 40 万美元）

149

如果世界上没有愚蠢的问题，
那愚蠢的人该问什么呢？
他们难道在问问题的时候，
可以突然聪明起来吗？

美国著名漫画家
史考特·亚当斯

....

If there are no stupid questions,

then what kind of questions do stupid people ask?

Do they get smart just in time to ask questions?

Scott Adams

附录 3：我最想分享给你的共读书单

好书珍藏

现在真是喝酒的好时节。货架上每天新的好酒品牌层出不穷，我最喜欢波本威士忌，也喜欢杜松子酒和伏特加。这是酒品牌的寒武纪大爆发，我超爱看到新东西上市。

在《关键 7 问》一书中，我分享了我的"珍藏"管理类书籍，以及关于习惯养成、改变、策略或其他各种主题的书籍，并且告诉大家，"这值得珍藏。"

新的商业书籍如雨后春笋一样不断涌现。有没有什么书比以前的更好呢？肯定的，正如我往酒架上添了新的酒一样，我也往我的书架上添了新书。我给大家介绍我非常喜欢的 12 本。

（我知道，你可以去其他地方寻求人生智慧：播客、"油管"、酒馆里的朋友。这些方式都很棒。不过，我真的喜欢好书。）

对组织变革的洞察

如果只能读一本书来证明带人作为一项领导技能的重要性：

《经理人》（*It's the Manager*）

吉姆·克利夫顿（Jim Clifton）& 吉姆·哈特（Jim Harter）

他俩都来自盖洛普[1]（Gallup），所以他们所说的每件事都有无数的数据支持。他们发现，管理者和团队领导者的素质是一个组织成功的最大因素，而带人是一项基本技能。

如果只能读一本关于如何在组织中做出改变的书：

《英雄之旅》（*How to Lead a Quest*）

杰森·福克斯博士（Dr. Jason Fox）

杰森聪明绝顶，古怪至极，这是个褒义词。他通过将最新的复杂性科学和心理学转化为日常的建议，帮助你面对厄运的海怪。他的推送值得订阅。

---

[1]盖洛普公司由美国著名的社会科学家乔治·盖洛普博士于1935年创立，是全球知名的民意测验和商业调查/咨询公司。

如果只能读一本关于如何挑战工作中的现状的书：

《重来 3：跳出疯狂的忙碌》（*It Doesn't Have to Be Crazy at Work*）

贾森·弗里德（Jason Fried）＆ 戴维·海涅迈尔·汉森（David Heinemeier Hansson）

贾森和戴维是 Basecamp 的创始人，长期以来，他们一直倡导创建智能的、以人为中心的、消除官僚主义的工作场所。这本书的内容来自一个小型的、资金充足的公司的经验，充满了令人愉快的见解和建议。

对团队效率的洞察

如果只能读一本关于说话艺术的书：

《精准沟通法》（*Exactly What to Say*）

菲尔·M. 琼斯（Phil M.Jones）

这本书很简短，充满了智慧。尽管是作为销售类书籍推广，它的见解适用范围远远不止销售。这本书的有声版本听起来尤其棒。

如果只能读一本关于如何以正确的方式说出困难的事情的书：

《彻底坦率》（*Radical Candor*）

金·史考特（Kim Scott）

这本书可以作为《关键 7 问》《建议陷阱》的姊妹篇来读。它巧妙地将"为了不伤害对方的感情而不给出反馈"的行为称为"毁灭性的同理心",并为你提供了切实可行的方法来改掉这个坏习惯。

如果你只能读一本关于如何更好地解决问题的书:

《所有问题,七步解决》(*Bulletproof Problem Solving*)

查尔斯·康恩(Charles Conn)& 罗伯特·麦克莱恩(Robert McLean)

我见过查尔斯,当时他是罗德学院的院长,他慷慨大方,聪明绝顶。这本书能让你立刻变得更聪明,而且它的设计很漂亮。

如果你只能读一本关于如何成功地将精英汇聚一堂的书:

《聚会:如何打造高效社交网络》(*The Art of Gathering*)

普里亚·帕克(Priya Parker)

知道如何把人们聚集在一起,有意识地为他们创造和保留空间做大事,这是一种无价的技能,无论你是举行宴会还是战略研讨。普里亚也有一个很棒的 TED 演讲。

关于个人效率的洞察

如果只能读一本关于习惯的书:

《掌控习惯》(*Atomic Habit*)

詹姆斯·克利尔(James Clear)

查尔斯·都希格（Charles Duhigg）的《习惯的力量》(*The Power of Habit*）一书是行为改变类书籍中的"番茄酱"：有趣、文笔优美、研究敏锐、经久不衰。克利尔在都希格的基础上，提出了具体的策略来让你的生活变得更加美好。他每周一篇的好文章推送也值得订阅。

如果只能读一套关于好奇心和谦逊的三部曲：

《谦虚的问讯》(*Humble Inquiry*)《谦虚的咨询》(*Humble Consulting*)《谦逊领导力》(*Humble Leadership*)

埃德加·沙因（Edgar Schein）& 彼得·沙因（Peter Shein）

这三本书都体现了他们想要传递的信息。艾德是个好老师，我从他身上学到了很多东西。而我比较狡猾，三部并为一部，都写在《建议陷阱》里了。

如果只能读一本关于韧性的书：

《点子就是一直来》(*Keep Going*)

奥斯汀·克莱恩（Austin Kleon）

这本书是系列三部曲中的第三部，第一部是《好点子都是偷来的》。克莱恩的作品睿智而优雅，不断给人灵感。他的推送也值得订阅。

如果只能读一本关于如何有目的生活的书：

《你其实很棒》(*You Are Awesome*)

尼尔·帕斯理查（Neil Pasricha）

我必须要和尼尔聚聚，因为他也住在多伦多。这是他迄今为止最好的一本书，结合了他早期"很棒"系列作品的刁钻视角以及他的《重塑自我》的研究和严谨风格。

如果只能读一本关于乐观生活的书：

《事实》(*Factfulness*)

汉斯·罗斯林（Hans Rosling）

我是通过他精彩的 TED 演讲了解到汉斯的。这本书是在他临终前写的，是对数据驱动的乐观主义的颂扬。意识到你对世界的状态有多少错误的假设既令人不安，又让人快乐。

不要止步于此

我很幸运，认识了非常多优秀的带人、领导力和行为改变领域的思想家和实干家。这些人写我之想写，变我之想变，坚持我之所坚持。

阅读从来不是孤独的旅程，站在巨人的肩膀上，可以让我们看得更远，也可以让我们收获更多。在对《关键 7 问》中的理念和方法消化与践行的过程中，也要时刻记得"他山之石，可以攻玉"的道理。以下是历年来我们的读者推荐的各类兼具权威性和实用性的书籍，这些作者本身都很优秀。现在把他们放一起，那更是优秀得不得了，让人高山仰止。

管理类图书

《真北》(*True North*)

125 位全球顶尖领袖的领导力告白

比尔·乔治（Bill George）

《数据化决策》(第三版)(*How to Measure Anything, 3rd Edition*)

数字化转型时代，《财富》500 强都在使用的量化决策法

道格拉斯·W. 哈伯德（Douglas W. Hubbard）

《团队赋能：打造快速成长的高效能团队》(*Multipliers*)

打造快速成长的高效能团队

莉兹·怀斯曼（Liz Wiseman）

《奈飞文化手册》(*Powerful*)

拥抱一种颠覆传统智慧的管理思维

帕蒂·麦考德（Patty McCord）

关键7问

《**组织文化与领导力**》(*Organizational Culture and Leadership*)

看透企业文化与领导力如何影响企业成长全过程

埃德加·沙因(Edgar Schein)和彼得·沙因(Peter Shein)

《**子弹笔记**》(*Bullet Journal*)

用子弹笔记找回人生主动权

赖德·卡罗尔(Ryder Carroll)

《**时间管理的奇迹**》(*Procrastinate on Purpose*)

让硅谷团队效率倍增的"认知"和"行动"实践指南

罗里·瓦登(Rory Vaden)

自我提升类图书

《**早起的奇迹**》(*The Miracle Morning*)

那些能够在早晨 8:00 前改变人生的秘密

哈尔·埃尔罗德(Hal Elrod)

《**知道做到自学的科学**》(*The Science of Self-Learning*)

任何学科都能很快学会,更少时间掌握更多的妙手学习法

彼得·霍林斯(Peter Hollins)

《知道做到快速获取新技能的科学》（*The Science of Rapid Skill Acquisition*）

任何学科都能很快学会，更少时间掌握更多的妙手学习法

彼得·霍林斯（Peter Hollins）

《自律力》（*Lifestorming*）

给不甘平庸者的高配人生法则

艾伦·韦斯（Alan Weiss）和马歇尔·古德史密斯（Marshall Goldsmith）

《财富流》（*The Millionaire Master Plan*）

顺应天性、顺势创富的底层逻辑

罗杰·詹姆斯·汉密尔顿（Roger James Hamilton）

《财富自由笔记》（*Boss Up！*）

一个"奇迹妈妈"可复制、可落地的商业实践

琳赛·蒂格·莫雷诺（Lindsay Teague Moreno）

人际关系类图书

《内向性格的竞争力》（*Quiet*）

发挥你的本来优势

苏珊·凯恩（Susan Cain）

《高效沟通的艺术》（*How to Say Anything to Anyone*）

场景化案例＋体验式练习，让你获得"坦率"沟通的力量

莎丽·哈莉（Shari Harley）

《只需倾听》（*Just Listen*）

与所有人都能沟通的秘密

马克·郭士顿（Mark Goulston）

《恰到好处的亲密》（*Stop Being Lonely*）

写给互联网时代想要远离孤独的你

基拉·阿萨特里安（Kira Asatryan）

《微表情解析》（*Unmasking The Face*）

瞬间洞穿微表情之下的人心与情绪密码

保罗·艾克曼（Paul Ekman）

附录 4：把带人习惯融入你的公司

自 2008 年以来，蜡笔盒公司培训了超过 12 万名管理者，为他们提供最实用的工具，教他们如何在工作日常中带人。想象一下，如果你的上级每天只花 10 分钟带人会怎么样呢？

基本技巧

带人可以集中员工的注意力，提高团队的整体能力，减小所有人的压力，消除下属的依赖性，增强同事关系并提高管理者的影响力。但是，哪怕出于一片好意，今天的管理者们可能还在用老掉牙的方式带人：给下属提建议而不是提问题；替下属解决问题而不是启发下属自己解决问题。

我们必须帮助管理者和领导者改变他们的行为，把带人变成他们的常规管理技巧之一。否则,他们学习再多关于带人的理论、模型、方法都只会让带人这件事愈发沉重,而不是轻松。

把本书送给你的上司

《关键 7 问》中提到的带人方法具有开创性,且获奖无数,它可以从三个方面改变人们的一些行为。

首先,人们将理解为什么自己很快就进入了给建议和解决问题的模式以及背后的代价。理解了其中原因后,人们就会有意识地抑制自己给建议的冲动,从而让其他的带人技巧就有了用武之地。

其次,本书分享了一系列实用的日常带人工具,包括如何增加专注力、增强人际关系和提高影响力,向人们展示如何把本书的新观点变成新习惯。

最后,我们打造了一项 108 天带人计划,帮助你巩固这些技巧,让带人习惯融进你的骨子里。

"这本书的内容非常实用,作为一本商业类书籍,这可不常见。看完这本书后,我们公司领导层的自我觉醒程度提高了,他们都掌握了自己独特的领导能力,而且一天比一天熟练。"

托德·吉尔雷斯特

资本力量公司 人力资源高级副总裁

难以忘记的工具书

《关键 7 问》的互动性强、实用而有趣，它融合了最前沿的心理学和神经科学研究成果，让人学而不忘。多伦多道明银行、富达投资集团、阿斯利康制药公司、瑞士联合银行、劳氏公司和诺基亚等，都把本书视为其公司成长的重要部分。

"我想很快就看到成果……这本书让我如愿以偿。学过这本书之后，我就再也不用担心会忘掉。"

玛丽·克雷

Horizon Blue Cross Blue Shield 公司 人才主管

附录 5：蜡笔盒公司荣誉客户

蜡笔盒公司（box of crayons）致力于为全世界众多企业和组织提供个性化的管理培训，秉承"让组织和员工做更伟大的工作、产生更大的影响"这一宗旨，试图打破"传统管理培训无法改变人们的行为"这一怪圈，曾帮助众多公司在内部管理上取得巨大成就。公司客户包括：

联合国

联合利华集团（Unilever Global Company）

雀巢公司（Nestlé）

普华永道国际会计师事务所（PWC）

卡夫食品（Kraft Foods）

葛兰素史克（GSK）

天联广告公司（BBDO）

诺基亚（NOKIA）

美国线上 (AOL)

HBO 电视网

瑞士联合银行集团（UBS）

花旗集团（Citigroup Inc）

法国巴黎银行（BNP PARIBAS）

加拿大宏利金融集团（Manulife Financial）

IA 金融集团（Industrial Alliance）

理光公司（RICOH）

启康药房（Shoppers Drug Mart）

解放儿童（WE Charity）

加拿大动物护理委员会（CCAC）

直觉外科手术公司（Intuitive Surgical Inc.）

斯味可公司（SMUCKER'S）

乐购集团（TESCO）

阿斯利康制药有限公司（Astra Zeneca）

美国美林银行（Bank of America Merrill lynch）

哈乐昆（Harlequin）

劳氏公司（Lowe's）

帕玛拉特（Parmalat）

加拿大皇家银行（RBC Royal Bank）

TMX 集团

大学健康网络（University Health Network）

加拿大罗布劳集团（Loblaw）

软选择公司（Softchoice）

埃利斯登建筑服务公司（EllisDon ）

雅虎（Yahoo!）

培养好奇心，进而打造你专属的带人习惯

还在澳大利亚读大学的时候，我尚未完全接受自己的命运。

现在我明白了，我是一个属于城市的年轻人。我长着一双适合敲键盘的手，体内半点"自己搞定一切"或"幸存者"的基因都没有。

但在年轻的时候，我想自己或许可以进化成《谍影重重》里杰森·伯恩那样的特工——体脂率只有 1%，能够靠 3 根树枝和几片树叶在荒郊野岭里生存 3 周。

带着这种自信，我计划了一次 3 日独身越野。我曾经穿越过丛林，因此我对自己的计划还是稍微有些把握的。再说了，我还有一个 10 年前当童子军时买的越野背包。在我看来，这次越野计划没有多大难度。

不是太难的越野

称重的时候背包明明只有 40 磅，但是当我把它背在身上时，感觉要沉得多。我知道，大部分重量都来自那个急救药箱。我害怕自己会受伤，所以带上了应付各种意外（包括被蛇咬和被雷劈）的药物。

经过 3 个小时的车程，我抵达了越野路线的起点。天气不错，没有下雨的迹象，我感觉很好。停车场里还有其他几辆车，所以我知道自己并不算孤苦伶仃。做完一番研究后，我更加自信地认为这次越野不是太难。我只需要一个人挺过这 3 天就行。

一开始，路途宽阔而平坦，可很快路变得狭窄起来。20 分钟后，路完全消失了。我只能在齐膝高的草丛中，靠双眼搜寻以前的探险者在树上留下的标记找路。但是，很快那些标记也不见了。

说实话，我彻底懵了。地图上明明有一条明晃晃的大路直通山顶，可我眼前的地势根本不是上坡，而是平路，而且完全没有任何道路可寻。地图错了，我迷路了。

前进还是撤退？

摆在眼前有两个选择：继续向前；原路返回。但是，我很难接受原路返回的选项。我发现了另外一条可以直接从侧面沿斜坡上山的路。如果选择这条路，我肯定会和大路交叉，最终回到正轨上。

　　如今，我已经不太记得那次登山的具体过程了，只剩下几个模糊的画面：小心翼翼地跨过瀑布上游青苔遍布的卵石，匍匐着试图穿越荆棘遍布的灌木林……总之，我记得那是一次凶险、恐慌而孤独的越野。

　　最后，我终于找到了主道路。它就和地图上一样宽阔而平坦。而我，浑身刮伤、满身淤青、筋疲力尽。越野之旅才开始7个小时，我就受伤了。于是，我决定就地搭帐篷过夜。是的，帐篷搭得有点早，但我必须休息一下，恢复体力。

　　我架起篝火，茶水在篝火上沸腾。忽然，我发现从停车场方向走来一位探险者，他看上去刚刚出发。我和他打了一个招呼，不过并没有提起自己今天的经历，而是问他的越野之旅进行得怎么样。

　　提起这件事真是难以启齿，但他确实对我说，他才刚下车15分钟。

这个故事和带人习惯有什么关系？

　　我管过人，也被人管过。我带过管理者，也训练过管理者如何带人。在我的经验中，太多管理者和下属的谈话，就像我那次失败的越野一样：

　　•背负太多行李。

- 信心爆棚，以为自己对前路了如指掌。

- 太快偏离正轨。

- 经历太多坎坷才回到正轨。

- 最后把自己搞得筋疲力尽，成果远低于自己的预期。

　　如果你的带人情况和上面几条都相符，那么你就可以利用本书打造你的带人习惯。本书中的问题，都是我经过长期总结和提炼之后得出的精华问题。我相信，如果你把这些问题融入自己的每日谈话，你日后的工作量将大大减少，而你的下属、同事、职业生涯和业余生活都会从中得到极大的收获。

　　其实，这里真正的秘诀是培养一种好奇心。你只需要对自己的行为做一个很小的改变：少一点建议，多一点好奇心（提问）。你可以自己设计问题，自己塑造语气。总而言之，打造完全属于你自己的带人习惯。

中 资 海 派 图 书

[美] 莎丽·哈莉 著

伍文韬　陈姝　译

定价：62.00元

扫码购书

《高效沟通的艺术》

用沟通艺术展现核心竞争力
人际无压力，工作更高效！

　　只擅于被动迎合的我们，是否常常莫名其妙地遭遇尴尬、误解和拒绝？每当遭遇这类事件，我们总会猜测各种原因，但这些猜测不但毫无意义，还会让我们失去行动的勇气。告别"猜测"，我们需要有提要求并讲真话的勇气，要积极主动地与他人坦率沟通，让每个人都能畅所欲言。

　　《高效沟通的艺术》将为你提供一条简单、新奇的职场升级捷径：多询问、少猜测。在这种技巧的帮助下，你将：在与所有人的交往中取得信任；避免重复劳动，工作更加高效；避免孤军作战，加强团队和部门协作；承担更大责任，赢得更多晋升机会；提升职业满意度和生活幸福感。

　　不管你是职场新人、内向星人，还是社交小白，《高效沟通的艺术》都能让你变身沟通高手，在工作和生活中掌握更多主动权。

海派阅读
GRAND CHINA

**READING
YOUR LIFE**

人与知识的美好链接

20 年来，中资海派陪伴数百万读者在阅读中收获更好的事业、更多的财富、更美满的生活和更和谐的人际关系，拓展读者的视界，见证读者的成长和进步。

现在，我们可以通过电子书（微信读书、掌阅、今日头条、得到、当当云阅读、Kindle 等平台），有声书（喜马拉雅等平台），视频解读和线上线下读书会等更多方式，满足不同场景的读者体验。

关注微信公众号"**海派阅读**"，随时了解更多更全的图书及活动资讯，获取更多优惠惊喜。你还可以将阅读需求和建议告诉我们，认识更多志同道合的书友。让派酱陪伴读者们一起成长。

🔍 微信搜一搜　　🔍 海派阅读

了解更多图书资讯，请扫描封底下方二维码，加入"中资书院"。

也可以通过以下方式与我们取得联系：

📖 采购热线：18926056206 / 18926056062　　📞 服务热线：0755-25970306

✉️ 投稿请至：szmiss@126.com　　🔵 新浪微博：中资海派图书

更 多 精 彩 请 访 问 中 资 海 派 官 网　　www.hpbook.com.cn ▶